ユートピアとしての本屋

暗闇のなかの確かな場所

本屋 lighthouse
関口竜平

大月書店

何回だって言うよ　世界は美しいよ

君がそれを諦めないからだよ

——羊文学『光るとき』

はじめに

ユートピアはどこにもない場所（outopia）であり、またどこかにある善き場所（eutopia）である。存在しえないが、存在することを人々が熱烈に希求する世界に住まうこと。これがユートピアの文字通りの本質である。

（クリシャン・クマー『ユートピアニズム』昭和堂）

ユートピアはどこにもない、しかしどこかにあることを願って人々はそれを目指す。このような一見矛盾した構造、叶うことのないジレンマを抱える世界がユートピアである。

これは僕の修士論文の書き出し部分です。ジョージ・オーウェルの『一九八四年』を軸にユートピア／ディストピアについて考えたもので、この本を書くにあたってあらためて読み返してみたら、なにを言ってるのかよくわからなくて頭を抱えました

（論に理屈が通っていないのか、はたまた勉強漬けだった当時のほうが頭がよかったのか、どちらなのかもわかりません）。でも、この論文が、あるいはユートピア／ディストピアとはなにかという思考と、当時の自分が導き出した結論が、本屋となった自分の軸にあることは間違いない。そのことだけは確認できました。

ちなみに数年前の僕は、こんなふうに修論を締めていました（なにを言っているのかよくわからない本文は飛ばしましょう）。

自由と平等を目指し完成しないユートピアに向かって一歩ずつbetterを、そして“moral effort”を積み重ねていく人々の姿である。ユートピアは、実は対極にあるはずのディストピアと隣り合わせの存在である。それらはいつでも反転しうるものであり、ユートピアとして維持するためにはそのことを意識しなければならない。そこには二重思考的な“moral effort”（＝矛盾・対立する概念の共存）が存在する。ユートピアの崩壊は、ディストピアの存在を忘れた瞬間にはじまるのである。

これは本屋を始めてから気がついたことなのですが、どうも本屋はユートピア（を目指すこと）と同じ、ないしは似ている存在のようです。本屋には終わり、あるいは完成形というものがありません（もちろん「閉業」という終わりは数えきれないほどあるけど）。

たとえば棚づくりを考えてみましょう。仕入れた本を棚に並べて、完璧な本棚だ……とうっとり惚れ惚れしてしまう瞬間が本屋にはありますが、そのよろこびも束の間、横からスッと手が伸びてその「完璧」は崩されていきます。お客さんの登場ですね。1冊抜かれて……と思ったら2冊抜かれて、あるいは1冊戻されて（元々あった場所とは少し違うときもある）、みたいなことを本屋（鬼？）のいぬ間にお客さんがくりかえし、その日の営業を終えたときには穴ぼこだらけ。というのが日常であり、というか日常でないと困るわけです。そうじゃないと違う意味での「終わり＝閉業」がやってきてしまうので……。

とにかく、本屋は常に「変化している」場所であり、さらに言うなら「変化せねばならない」場所でもあります。覚えきれないほど刊行される新刊。日々変化し更新される社会状況。そういった「変数」を考慮して本棚を都度都度アップデートしていく作業こそ、本屋の仕事の本質なのかもしれません。

常時変化する本棚を相手に、理想の本棚を追求すること。あるいはひとつ視野を広げて、本棚の集合である本屋全体の理想形を追求すること。その営みに終わりはなく、ゆえに本棚／本屋の完成形というものは存在し得ないし、もし仮に完成してしまったら、それはつまり変化のない＝本が手に取られない本棚＝売上の立たない本屋ということになり、結果として閉業という名の終わりがやってくるわけです。

となると本屋がやっていることは、「理想の本棚／本屋を目指し、完成しないユートピアに向かって一歩ずつbetterを積み重ねていく」ことなのだと思います。そして完成したと思って日々のアップデートを怠りはじめた瞬間から、ディストピア＝閉業の危機が近づいてくる、とも言えるわけです。いやはや恐ろしい。そしてなんと報われない営みか。満足してうっとりする時間をください！

なんて冗談（と本気50％ずつ）はさておき、本屋はユートピアと（ニアリー）イコールの関係性であると同時に、ユートピアをつくりだしていく存在でもあるのではないかと思っています。つまり現実の社会、私たちが生きているこの社会をユートピアにしていくための「終わりのない営み」の礎《いしずえ》に、本屋がなるということです。

などと言うと本屋は非常にたいそうな存在のように思えてきますが、それは半分当たっていて、半分間違っていると思います。「終わりのない営み」自体は、私たち一人ひとりがすでに実践していることでもあるからです。そもそも日々の生活それ自体がそうです。よりよい人生を送りたい、よりよい人間でありたい。そういった思いを持って生きている人であれば、自ずとこの「終わりのない営み」に参加をしています（だから生きていくのはつらいのです）。おそらくその手助けをするのが本屋の役割のひとつなのでしょう。自分はこれでいいのだろうか、自分は正しく生きられているだろうか。他者や社会を慮《おもんぱか》り、自分を含めた「みんな」の幸福を願う人生を送ろうと日々もがく人に、「これがあなたの探していた正解かもしれません」と、そっと提案をする。それが本屋の役割であり、よろこびでもある。いまの僕はそう考えているし、本屋をやりたいと思いはじめたころも、そう思っていた気がします。本屋さんはすごい。そう思うあなたも同様にすごいし、お互いに高めあっていきたいですね、とか書いてたらもうこの本を締めてもいい気がしてきましたが、もう少しがんばります。

ちなみに僕が運営している本屋lighthouseについて簡単に紹介すると、おそらく「反差別・反ヘイトの意思表明と実践をしている」本屋、というのがいちばんの特徴になるかと思います。その方法はお店の棚づくり=選書はもちろんのこと、ＳＮＳでの投稿や、お店の売上から反差別・反ヘイトを実践する各団体へ寄付をすること……etc.がありますが、ウェブサイトに記した運営ポリシーがその本質を示しているように思えます。なので、かなり長いですが引用します。

２０１９年5月1日、本屋lighthouseは畑のなかの小屋の本屋としてスタートしました。そのときのウェブサイトに記した、

暗闇に迷うひとには足下を照らす光を
夢を抱くひとには果てなき道を照らすしるべとなる光を
過去、そして未来へと　あまねく光を

というテーマは、いまも変わっていませんし、これからも変わることはありません。
本は光となりうる。読むひとにとって。書くひとにとって。その間をつなぐ存在としての、灯台でありたいと思っています。

では、なぜ本は光となりうるのか。そこには人生が、そして歴史が織りこまれているからだと思います。本を読むこととは、書き手の人生を知ることであり、書き手や私たち皆が生きている社会の歴史を知ることです。それらは「過去」と言い換えることもできるでしょう。そして、私たちが自らの現在や未来に希望を抱くことができるのも、過去の積み重ねがあるからです。本に書かれている／描かれている多種多様な生きかたや価値観、その積み重ねとしての連綿とつづく歴史＝過去。私たちは先人が残してきたそれを本を通して受け継ぎ、同時に、私たちがいま／これから積み上げていくそれを後世に向けて本として残していくことで、未来の「私たち」ひとりひとりを、ひいては社会全体をよりよいものにしていくことができる。そう考えています。

本屋はその媒介です。ゆえに、社会を苦しみや憎悪に満ちたものへと向かわせるような本を置くことはあってはなりません。少なくとも本屋lighthouseはそうありたいと思っているし、そのためにいくつか基準のようなものを設定しています。

とはいえ設定といっても、厳格で明確なそれを提示することはできないので、本屋lighthouseでは「かっこいい大人になるための本」というものをイメージしながら、本屋を運営していきます。

となると「かっこいい大人」とはなんなのか？　という問いが新たに生まれ、やはりまたそれに対する厳格かつ明確な回答は出せないのですが、逆に「かっこわるい大人」というのはなんなのかを考えてみると、つまり「本棚に並べない本」のことを考えてみると、いくつかはっきりとわかるものがありました。

・他者を傷つけることで自らの苦しみを誤魔化そうとする大人
・自己保身のために嘘をつく大人

つまり、いわゆる「ヘイト本」や「歴史修正主義的な本」です。これらに該当する本は、本屋lighthouseでは一切扱いません。お客さんからの注文品であっても断ります。どうしても欲しい場合はほかの本屋でお買い求めください。いまのあなたは「ヘイト本や歴史修正主義本に頼ることでしか自らを救えないほど弱っている」状況なのでしょうから。ですがあなたが向かっている先にあるのは底なしの暗闇です。いつかこちらに、光のほうへ来てくれることを願っていますし、そのときはハグをしましょう。ようこそlighthouseへ。

他者を傷つけることなく自らを救うこと。自らの過《あやま》ちと向き合い、乗り越えようとすること。この二つができていれば「かっこいい大人」なのだと思いますし、頭がいいとか仕事ができるとかおしゃべりが上手いとか見た目がいいとかお金持ちだとか、そういうのは関係ないです。後世のひとたちが、いや、もっと身近に考えて、いま目の前にいる子どもたちが、「こういう大人になりたい」と憧れるような存在に、私たち皆でなりましょう。私たちがしあわせな人生を送るために必要なのは、まっとうな社会であり、まっとうな社会であるためには、私たちが「かっこいい大人」である必要があるのです。

ゆえに、灯台は光りつづけます。

数年前の自分が書いた文章が素晴らしすぎてやっぱりここでもうこの本を締めてもいい気がしてきましたが、あらためてもう少しがんばります。ということで本屋＝ユートピアという仮定を軸にして、本屋の役割について考えていきたいと思いますが、根本にあるテーマのようなものを2点書き出しておきます。これらを念頭に置きながら、本書を読み進めてもらえると助かります（僕も念頭に置きながら書きました）。

・終わりのない営みであるということ
・常にbetterを、さらなるbetterを追求すること

ユートピアを追い求めることが終わりのない営みである以上、常に変化もしくはアップデートが必要になります。つまりこの本に書いてあることも、一秒後からはもう「更新の対象（候補）」であるべきものになります。言うなれば、この本は「2023年時点の著者が正しいと思っていること」の集合体でしかなく、2024年には著者自身が「これは違うわ」となっている可能性もある、というかそうでなければならないとも思います（さらに言えば、著者がここで「実践すべき」と主張していることを完璧に実践で

きているとも限りません。本書で書いていることはすべて、著者自身も試行錯誤中のものであるということです）。

著者自身にとっても正解ではない可能性があるならば、読者にとっては正解ではない可能性がもっとあるということです。一見言い訳のように見える一文ですが、これも半分は当たっていて半分は間違っています。僕は「この本に書かれていることを唯一の、そして不変／普遍の正解だと思わないでほしい」と思っています。ここに書かれているのは、あくまでも「現時点での」「無数にあるなかのひとつの」正解であり、さらにそれを「提案」しているだけです。

あなたが「ここは自分と考え方が違う」と思ったのであれば、その違和感を大事にしてください。そして、その違和感を他者にも理解できるように言語化する＝論理の伴った根拠を見つける作業をしてみてください。そうやって導き出された答えを外に出すか出さないかはもちろん自由ですが、できるなら外に出して、再度他者に問いかけてみてほしいです。ユートピアには決してひとりではたどり着けないので、できるだけ多くの人がかかわりあってbetterを見つけていきましょう。終わりのない営みを、ひとりでやり続けるのも疲れますし。

ユートピアとディストピアは対極の存在ではなく、隣り合わせの存在であるということ。そして「ここがユートピアだ」と思った瞬間からディストピアが近づいてくるということ。このことを常に忘れずにいることでしか、どこにもない場所であるユートピアへの到達（という矛盾した状況の維持）は成し遂げられないのです。みなで一緒に、そしてバラバラに、ユートピアを目指し続けましょう。

ユートピアとしての本屋　目次

本屋 lighthouse（ライトハウス）

https://books-lighthouse.com

幕張支店
千葉市花見川区幕張町 5-465-1-106
JR幕張駅・京成幕張駅より徒歩６分
営業時間 12〜19時
毎週月・火／第３水曜定休

小屋本店（写真下）
改修のため一時休業中

沿革

2017.8	「家賃が０円ならどんな場所でも本屋を続けられる」という仮説のもと、祖父の畑の一角に小屋を建てはじめる。
2019.5	小屋が完成し本屋 lighthouse としてオープン。週に１〜２日（各数時間）のみの営業。途中、台風で屋根が飛んだり夏の暑さにやられたりするも、意外となんとかなる。
2021.1	二度の夏を越え「もう来年は無理」となっていたところ近場で物件を見つけ、半年ほどの準備期間を経て幕張支店をオープン（インフラ完備）。小屋は本店に昇格し、無期限の休店へ。
2023年現在	現店舗で３年目に入る。

1

本屋になるまでの話

本屋になるまでの基礎はいかにして築かれたか

ということでまずは「本屋になるまでの話」を。本屋になった理由を尋ねられるたびにうまく一言で回答できずにいるのですが、おそらくその原因は「シンプルな＝わかりやすい理由ではない」ということなのだと思います。でも(だからこそ)そのひとつひとつをあらためて記していくことで、なぜ本屋をやっているのかということ、ひいては本屋として意識していることの本質的な部分が見えてくる……。自分であらためて読み返してみると、以降の各章の土台となる経験がここにはあるように思えました。

小さいころから本は好きだったんですか？

と、取材を受けたりするとかならず質問されますが、残念ながら答えはＮＯです。正直な話、絵本も（実際には多少は読んでいただろうけど）記憶としてはほぼ残っていません。唯一覚えているのが、かこさとしの『どろぼうがっこう』（偕成社）で、しかも「くまさかせんせい、ごめんなせえ」という決め台詞（？）的なものだけです。ちなみに、どっちがぐりでどっちがぐらかもわからないまま本屋をやっています。たぶん、左にいるのがぐりです。

じゃあなにをやっていたのかというと、サッカーです。幼稚園から高校1年の終わりまでのだいたい12年間、僕はボールを蹴って、追いかけて、転げ回っていました。中学に入るころにはプロになるという目標を自覚していて、学校の友だちと遊ぶことよりもサッカーの練習を優先する日々。もちろん本もとくに読んでいなくて、怪我をしたときだけ読む程度でした（定期的に骨を折ったり靭帯を伸ばしたりしていたので、そのたびに1～2か月のまとまった「読書期間」がやってくるのでした）。

しかもその期間に読んでいた本は、だいたい父親が「せっかくだからこれ読んでみろ」と持ってきた本で、自分で選んだものではありませんでした。とはいえ強制されていたわけではなく、つまらなければ無理する必要はない（し、「わからない」のは悪いことではないぞ）というニュアンスのことを言われていた記憶があります。しかし、そう言われるとなんだか背伸びをしたくなるのが思春期の関口少年だったので、だいたいのものは読み通したはずです。とくに記憶に残っているのは司馬遼太郎『竜馬がゆく』（文藝春秋）や吉川英治『宮本武蔵』（新潮社）です。どっちも全8巻。中身ですか？　もちろん、覚えていません。

なので僕の人生においては、現時点ではまだ本よりもサッカーボールを触っていた時間のほうが長いわけです（本屋でバイトを始めたのは22歳のとき）。そして本屋としての根本にある精神／意識のようなものも、このサッカー時代に培《つちか》われたもののような気がしています。だから、いま本屋lighthouseとしてやっているさまざまな取り組みの内奥にある軸を理解してもらうには、サッカーボールを蹴って、追いかけて、転げ回っていたころのことを振り返る必要があります。

ということで、いったん本（屋）からは離れてサッカー少年・関口竜平の話をします。当時はいつかサッカー選手としての自伝を書きたいとか思っていたかもしれませんが、その場合タイトルは『竜平がゆく』になっていたかもしれない……刊行されなくてよかったです。

幼少期――とにかく勝てない日々

母のお腹から予定よりも１か月以上も早く出てきたおかげで出生体重２２６４グラムの（当

時としては）心配な未熟児として生まれた僕は、そのまま順調に成長、幼稚園からずっと、「背の順」という概念がある年齢が終わるまで、前から3番目以降になったことがありませんでした。2月の末生まれということもあいまって、同級生と比べて約1年遅れの身体は貧弱で、基本的に自分より大きい相手とサッカーをしていました（さっき「転げ回っていた」と書いたのはこのためです）。

なので、とにかく勝てません。とくに成長度合いの差が大きく出る小学校高学年から中学校のあいだは、技術では勝っている相手でも身体をぶつけられたら終わりです。もちろん身体をぶつける（ぶつけられない）こともまた技術のひとつなのですが、それが理解できるのは大人になってから。当時の僕はひたすらに理不尽としか思っていませんでした。

でも父親は常にこう言っていました。「身体の大きさはいずれ追いつく。だからいまは勝てなくてもいいから、とにかく技術を磨け」と。なるほどその通りだ！と素直な関口少年は納得し、とはいえ「デカいだけのやつ」に負けるのは悔しいので、こんにゃろー！とボールを追いかけ（そして転げ回り）、必死に食らいついていきました。

中学では学校の部活には入らずに、ちょうど近くに練習場があったクラブチームに入りました。そこには「サッカーの上達」を目標にした人たちが（学校の部活動に比べるとより多く）集まってきますし、当然、技術も身体の大きさも自分より「強い」人ばかりでした。僕より身長が30

センチ近く大きい同期もいましたし、県外からもたくさん上手い人がやってきます。大きい人と上手い人に挟まれたちびっこは、どうにかこうにかして名脇役、とんかつ定食のお新香みたいな立ち位置を手に入れようと必死になります。その甲斐あってか、3年生の夏ごろになってようやくレギュラーの座を獲得することができました。そのころには体格差も徐々に縮まってきていました。

とはいえ絶対的な線の細さはどうしようもなく、圧倒的なスピードがあるわけでもないので、それ以外の武器が必要になります。なので中学2年あたりから、トラップとキックの精度を重点的に高めるようにしていました。狙ったところに正確に、速く蹴る。実はこの技術がある選手は、プロでもあまりいません。

余談ですが、日本サッカーが世界で勝てないのはこの部分が原因だと思うので、ドリブラーと同じくらいこの「止めて、蹴る」のスキルが高いプレーヤーを重視すべきです。視覚的に地味=非常にわかりにくい技術なので子どもたちの憧れの的にもなりにくく、ゆえにそれを意識するプレーヤーもなかなか出てこないのでしょう（教える側も然り）。一対一＝対人戦の強さというのは、ドリブルの上手さだけではないのです。「ぶつかられる前にボールを手放す」というのも「相手をかわす」技術のひとつ。トラップとキックの正確さとスピードを高めれば、戦わずして勝てるようになります。

そして、素早くボールを放すためには、次にボールを渡す相手を速く見つける必要もあります。つまり視野の広さ、あるいは先を見る／考えておく能力です。常にまわりの状況を把握して「次」を考える。この二つがなんとなくわかってきたタイミングで、高校入学の時期がやってきました。

高校時代① 上下関係を知る

高校は大学付属の私立に入学して、そこの部活に入りました。県でベスト16あたりをうろうろしているレベルで、そこそこ強い、といったあたりでしょうか。高校卒業↓プロ入りという流れは無理、最短で大卒プロ入りが妥当だとわかっていましたし、高校3年間で「注目選手」になれるとも思っていなかったので、大学のサッカー部がそこそこ強い付属高校を選んだ、という形です。これなら「大学受験のためにサッカーをやれない時間」が生じなくなる、という思惑からです（名門大学に推薦で入れる選手はひと握り）。

さて、なんとなく理解した先ほどの「理論」をよりはっきりと実践に移すぞ、と意気揚々と部活に入った関口少年ですが、ここで思わぬ壁にぶち当たります。上下関係です。中学のクラブチームでは完全に学年で分かれていたので、別の学年の人のことは名前も顔もわかりませんでしたし、わかる必要もありませんでした。そこにいるのは「サッカーをしにきた人」であって、それ以外の目的はとくになかったからです。ですが、ここの部活は違いました。「上下関係をしにきた人」が過半数を占めていて、まともにサッカーをやれる環境ではありませんでした。言ってしまえば「ザ・昭和」だったのです。時は平成20年。

酷い「伝統」の数が多すぎて、すべてを記すとそれだけで京極夏彦の鈍器本になってしまうのでわかりやすいものだけにしておきますが、当然のように1年生は坊主、水を飲んでいいのは先輩がOKを出したときだけ（しかもまず先輩にボトルの水を渡して、飲み終わるのを待って、ボトルを受け取り地面に戻し、そのあと校庭の端にある蛇口まで走って飲みに行く）、パンツはゴワゴワの白ブリーフ強制（機能性は無視）、自主練は禁止、先輩が部室に帰るまでグラウンドで立って待機（寒くてもジャージの着用は許可制）……などなど。顧問はなにをしてたんだ、という疑問に答えると、これを指示していたのが顧問でした。時は２００８年。

これらの「掟」を守らない人間は、定期的に行われる〈集合〉というもので罰を受けていました。練習後の暗い倉庫に集められて正座させられ、まわりを竹刀を持った上級生たちに囲まれ……。わかりやすい殴る・蹴るはありませんでしたが、竹刀が壁や備品を叩く音、罵声、胸ぐらを掴まれて揺さぶられる、といったレベルの脅しを受けて、服従を命じられるわけです。

2回目の〈集合〉くらいまでは僕もただただ恐怖で泣きべそをかいていたんですが、少しこの状況に慣れてくると見えてくる景色がありました。当然の疑問ではあるのですが、なぜ先輩たちはこんなことをしているのだろう、というものです。かれらはなぜ下級生を怖がらせるのか、支配しようとするのか。その理屈を根本にまでひとつひとつ遡《さかのぼ》っていくと、下級生が怖いのではないか、という結論にたどり着きました。

〈集合〉時の先輩たちのようすを観察していると、どうやら下級生が恐怖を覚えることによろこびや安心を見出しているように思えました。大きな音に対してビクッとなる、先輩の怒声に怯えた表情を見せる、震えた声で謝罪する、そういった下級生の振る舞いに対して、かれらはいい反応をしていました（そしてそれらを効果的に見せていくことで〈集合〉が早く終わることもわかりました）。こうなってくるともう、ちょっと面白くなってきます。「いかに早く終えるか＝かれらを満足させるか」を目的とした、ビビったふりをするゲームをしているようなものです。これは一歩間違えれば自分の精神をよりいっそう破壊する結果につながりかねないので、万人に対しては推奨しませんが、少なくとも僕にとってはものごとをはっきりさせる、結果オーライ的なものになりました。

自分より上手い1年坊主が入ってくる（中学年代でクラブチームに入っていた1年はとくに狙われた）、年下にポジションを奪われる、そのことに対する恐怖。そしてもうひとつ、サッカーに真剣に打ち込んでいる人間に対する、憧れをこじらせた嫉妬のようなものもあったように思えます。

プロになるという明確な目的を持って練習に打ち込む人間が、本当はうらやましかったのではないか。一度、開き直って先輩のようすを窺うことなく「クラブチームでやってたときの感覚」で練習をしてみたら、その日のうちにある先輩から「お前、なんかやる気入ってんじゃん」とニヤニヤしながら話しかけられ、数日後に〈集合〉が開催されたこともありました。あのニヤニヤも恐怖の裏返しだったのでしょう。明らかに嘲笑が混じったものでしたから。

実は、「この人はサッカーをしにきている」と感じられる上級生は〈集合〉にあまり関与していませんでした（止めるわけでもなかったけど）。下級生にポジションを奪われるという恐怖が起爆剤となって「自分を高める」ほうに向かうタイプの人間です。逆に〈集合〉を含めた下級生いじめは「他者の邪魔をする」行為で、自分を高めるというある種の苦しさ＝努力を伴う行為からは逃れています。

ようは「弱い人間」だったということです。でも、この弱さは誰のなかにもあるものだし、もちろん僕自身も常にこの地獄に落ちる可能性を持っています。練習をサボってしまうこと、気を抜いてしまうこと、そんなことは頻繁にあることでしたし、そうならないために自分を律することの難しさや苦しさは、むしろよく理解していました。だからこのことがわかったとき、僕のなかにあったかれらに対する怒りのような感情もろもろが消えました（全部ではないけど）。かれらが僕たちにしてきた加害行為そのものを許すことは絶対にしないし、その義務もない。だけど、かれらをそうさせている環境もしくは状態を理解することもまた両立可能なものなのだ、ということ。このことがわかったとき、自分のすべきことがなんとなく見えたのではないかと、いま当時を振り返ってみると思えます。

まずはこの理不尽な「掟」たちをすべてなくすこと。たとえそれがすぐには不可能でも、自分が2年生になったら1年生を守ること。せめてそれだけはしようと思いました。サッカー部を「サッカーをするための場所」にする。文字にすると当たり前すぎることなのですが、それを思うと、この1年間をなんとかやり過ごすこともできるように思えてきました。そして、その思いは同期のみんなも共有している、と感じていました。が、現実はそうではなかったのでした。

高校時代②〈地獄〉を知る

もちろん、かれらも「自分が2年になったらこんなことはやめさせる」と常々言っていました。でも、1年後にはかれらもまた「立派な先輩」になっていました。そしてそのとき僕はもうサッカー部にはいませんでした。というか、サッカーボールを蹴ることすらやめていました。身体がもたなかったのです。怪我を治してはまた別の箇所を痛める、そのくりかえしをとくに高校1年のあいだは頻繁にしていて、その「治す→再発（別の箇所）」のスパンが徐々に短くなり、最終的には1週間にまでなったところで気がつきました。僕の身体は、プロになるために必要なだけの練習量に耐えられるものではない、と。もちろん、これもあとになって思えば、ただの逃げだったのかもしれません。でも16歳の僕には、そこまでの「強さ」はなかった。だから高校1年の終わり、3月末をもってサッカーをやめていました。

ということで、同期が「立派な先輩」になっていることを知ったとき、僕はなにもすることができませんでした（いまはもう「外野だからといって口出しする権利がないわけではない」ということを知っていますが、当時はそんなことを思いもしませんでした）。理不尽な「掟」をなくすこと、それは純粋にサッカーに向きあえる環境をつくることにつながります。その環境がいかに素晴らしいか、そこにある恐怖や苦しさは決して自分を苛《さいな》むものにはならないこと、そういったことを僕は知っていました。あるいは、幸運にも知ることができていました。だからそれを高校サッカー部でも再現したかった。恐怖が「他者を貶《おとし》めること」につながり、自分を高める結果には決してならない、ゆえにその恐怖からいつまでも逃れられないどころか日に日に増していく。そんな〈地獄〉から抜け出すことができる世界があることを、サッカー部のみんなには知ってもらいたかったのだと思います。だから、二つの意味で不完全燃焼でした。せっかくプロになるためのルート（具体的な努力の仕方）が見えてきたのに、それを実践できなかったこと。そして、〈地獄〉を生み出す環境を打破できなかったこと、つまり同期もまたそこに落ちてしまったこと、さらに自分と同じように希望をもって入部した人間＝後輩がまた潰されてしまうのを防げなかったこと。わかっていたのにできなかった、という二つの後悔が、そこにはありました。

正直な話、サッカーも別に好きだったわけではありませんでした。好きだからやっていたというよりは、上達することのよろこびを知っていたから、というほうが大きい気がします。ゆえに「練習に耐えられない身体＝もう上達できない」ということがわかったとき、サッカーをやめる決断をしています。もちろんそこには「本気でやってないあいつらがのうのうとボールを蹴っていられるのに、なんで自分は」という悔しさを力ずくでぶん投げるためにサッカーにまつわる情報を遮断した、という理由もあります（使っていた道具はすべて同期にあげたし、そこから数年間は日本代表の試合とかもいっさい観ませんでした）。ただたんに好きなだけだったら、いわゆる「趣味で」やれていたはずです。でも僕には、それはできなかった。そして裏を返せば、そこまで好きではないのにサッカーをやれていた、ということになります。

努力はすぐには報われない

練習をすればするほど上手くなる。この因果応報というか等価交換というか、やはり文字にすれば当然の、だけど実際にはその実感は得られないこともままあるがゆえに陳腐なものに思えてしまう「努力は報われる」系の格言。この積み重ねをきちんと体験できていたことが、僕の人生を常に照らしてくれている気がします。つらいけどつらくない。いや、やっぱりつらいけど、どこか心地よいつらさというか……これはこれで地獄なんですが、前述した〈地獄〉とは別物。とにかく、サッカーを通してサディストでもありマゾヒストでもある自分が完成した気がします。

結局、僕が〈地獄〉に落ちなかったのはこれが大きな理由でした。その原体験は、小学校低学年のころに始めたリフティングの練習です。リフティングというのは、主に脚全体を使って「ボールを地面に落とさずに蹴る」ことができた回数を競うもの、と言えばいいでしょうか。あるいはひとりでやるバドミントン（ネットなし）。それとも、けん玉の「もしかめ」のサッカーボール版……。とにかく、延々と、ひとりでボールを蹴り続けるものです。

この練習を僕は夏休みの自由研究にして、毎日その回数を記録することにしました。とくに勉強に興味がなかった人間の、自由研究が自由であることを逆手（？）にとったファインプレーです。カレンダーみたいな表を作って、1日ごとにその日の最高記録を記入していきました。3回、4回、2回、5回、3回……みたいな感じで記入されたリフティング回数は、僕の記憶が改竄《かいざん》されていなければ、夏休みの終わりには10回前後にまで伸びていたはずです。自信をつけた僕はそれを堂々と提出し（先生がそれをどう思っていたかはどうでもいい！）、それからもリフティングの練習を続けていました。たしか、中学の途中で回数を数えるのが面倒になるレベルまでできるようになったときにやめましたが。

その間、怒り、泣き喚き、当たり散らかしたこと、いと多し。家の前の生活道路で練習をしていましたが、できなくて感情が爆発すると、その勢いのままボールを家の庭に蹴り込んでいました。あるいは家の壁に向かって強く蹴りつける。でも、いつしかそれをしなくなりました。無駄どころか害しかないからです。いまでも鮮明に覚えていますが、キレて半泣きしながら至近距離から壁にボールを蹴ったら、地面に近いところにある段差部分にボールが当たり、綺麗に45度の角度で跳ね返ってきたそれは僕の鼻（地上1メートルあたり）を直撃して痛くてギャン泣き。これ、本当に情けないというかいたたまれないというか、「誰にも見られてなくてよかった案件」自分史上ナンバーワンの出来事なんですが、得たものも大きかったわけです。できないことへの悔しさや怒りは「自分を高めること」に向けないと解消されない（壁＝他者に向けたっていいことない！）。この教訓を、鼻血を代償に得ることができた僕は幸運だったと思います。しかも、練習すれば回数は伸びるという成功体験とセットで。この経験＝体感＝脳と身体に刻み込まれたものがあったおかげで、僕は（よいほうの）地獄に居続けることができたように思えます。

実はこの感覚、もう少し敷衍《ふえん》してみると「わからない＝答えが出ないこと」への耐久力とも同根だと考えています。あるいは「なかなか（目に見える）結果にはあらわれないこと」だったり、さらに突き詰めると「努力が思い描いていた形で報われないこと」に対する理解とも言えるでしょうか。人間は、わからないことや期待していた通りにならないことが嫌いです。そこから完全に逃れられる人はたぶんブッダとか呼ばれる人になっていて、そういう人は超人と呼ばれるので、やっぱり人間ではありません。なので、私たち人間は折り合いをつけてやっていくしかないのですが、そのために必要なのが「気の長さ」なのだと思います。すぐにどうにかなるわけではない、という。

どうやったって報われない努力はあります。僕はサッカー選手にはなれなかった。もちろん、たんにお前の努力が足りなかっただけだろ（怪我ごときで諦めるなよ／怪我しない身体づくりという努力はしたのか?）という指摘はあって当然だし、残念ながらそれは事実でもある（もちろん一方的な自己責任論には首肯しませんが）。それは受け入れるしかない。でも、だからといって僕は僕自身の努力を否定しなきゃいけないわけではない。努力が足りなかったと認めることと、それでも積み重ねてきた努力を肯定することは両立するからです。そしてその努力は「思い描いていた形＝サッカーの分野」では報われなかっただけで、自分が思ってもいなかったところで花が咲いていたりします。

無駄になるものはない

サッカーをやめる（というか「捨てる」といった感覚のほうが正確でしたが）と決めた夜、朝になるまでずっと考えていたのは、これまでサッカーに費やしてきたすべてのものごとでした。ぜんぶ無駄になった。苦しい時間も、それが報われたと感じた幸福な瞬間も、なにもかもすべてが。あるいは、サッカーをするために諦めたものごとについても考えました。サッカーなんてやらなきゃよかった。本気でそう思いましたし、ゆえに前述したように「力ずくでぶん投げる」必要がありました。

でも、どこかでわかっていたのだと思います。すべてが無駄になるわけではない。心で、あるいは頭で、それとも身体に刻み込まれた体験／体感からかもしれません。とにかく僕は知っていたのでしょう。おかげで壊れることなくその後の人生に進むことができました。もちろんキツかったし、実際には半分抜け殻になったまま大学4年の就活まで生きていたわけですが（本人にその自覚はなかった！）。そして、抜け殻ではなくなったときにようやく、サッカー少年だったころの努力の意味がわかったのだと思います。そうか、こういう形で報われることもあるんだな……と。

少し話がそれますが、僕は「好きなことを仕事にする」タイプの人間です。正確には好きなこと「しか」仕事にできない人間です。どうも小さいころからのサッカーの積み重ねでそうなってしまったようで、好きなことは趣味でやる（仕事は好きなこと以外のことをする）ということができない人間になっていました。どちらがいいとか悪いとかそういうものではないので、自分の居心地がいいほうを選ぶのが大事だと思いますが、とにかく僕は「仕事って毎日のようにやることなんだから、好きなことじゃないと続くわけないじゃん」という頭／身体になっている人間なので、当然のように就活に失敗しました。サッカーそれほど好きじゃなかったとかさっき書きましたが、本当は好きだったみたいです。

でも僕にとっての「好き」の判断基準は、おそらく「毎日やってて苦じゃないかどうか」が最重要ポイントなので、突き詰めていくと一般的な「好き」とはやはり違うものなのかもしれません。とにかく僕はサッカーをやめてからの6年間、それなりに楽しい生活を送ってはいたものの（大学ではバンドサークルに入って音楽漬けの生活をしていた）、やはりどこか「抜け殻」だったのだと思います。なんとなく学校の先生になりたい（かも）と思い、実習に行き、やっぱり違うじゃん、となって気がついたら大学4年の秋、これからどうすればいいのかしらん？ みたいな感じでした。

そのとき一度考えてみたわけです。好きなものってなんだ？ と。そしてその問いは、「やっていて楽しいこと」であると同時に「苦しみを感じないもの」とはなにか？　というものにもなっていました。そこで僕が見つけたのが修士課程に進むという選択肢。卒論の執筆がそのときいちばん楽しいことで、なおかつ毎日やってて苦じゃないことだったのです。

ということで「ぱっかーん！（燦々《さんさん》）」と道がひらけたように感じた僕は意気揚々と指導教授に相談、真面目に授業を受けていたおかげで推薦入試に必要な成績の基準は楽々クリア（努力が思い描いていたもの以外の形で報われることもある）、そのころは就活市場が好調だったため文系大学院は学生集めに必死で試験なんてあってないようなもの、という強烈に運を引き寄せた快進撃をみせ、なんとか進路を確保しました（1週間前までなにもかもわけわかんなくなって泣いてたのが嘘のよう）。

二度あることは三度ある

そんなこんなで2年間のモラトリアム延長を叶えた僕は、「現時点でいちばん楽しいこと＝論文を書くこと」をやりつつ「一生の仕事になるであろうもの＝毎日やってて苦じゃないこと」を探しはじめました。おそらく、いまみなさん「論文書くのが楽しいならそのまま研究職になるのがいいんじゃないの？」と思ったのではないでしょうか。僕も当然思いました。が、僕は英語が好きじゃなかったのです（毎日やってたら苦しかった！）。これは致命的です。研究職になるには最低限英語はできなくてはならない。そしてそもそも僕は英文学専攻です。英語ができなきゃどうにもならない。日本語訳されてる文献だけでどうにかできないか、ということを必死に考えてる人間にはとうてい進めない道です（実際に修士論文も可能な限り英語文献を少なくして書きました……）。ようするに僕は本（とくに外国文学）を読むのが好きだっただけ。翻訳者のみなさまに感謝。

思い返せば、そもそも大学入試の時点で英文学科を選んだのも成り行きみたいなものでした。サッカーを（無自覚に）引きずっていた僕はスポーツ選手のリハビリを手伝う人＝理学療法士になろうと思っていて、その資格が取れる４年制の公立大学を目指して受験勉強をしていました。でも「引きずっていた」だけだったので、心からスイッチが入っていたわけではなく勉強もやっているつもり、しかも頼みにしていた推薦入試まで落ちて、センター試験が迫る12月に路頭に迷ったのでした（ついさっきどこかで見たような流れですね）。となったときにようやく「完全にサッカーから離れられたわけではない」ということに気がつき、これはそのチャンスなのだと思いました。今度こそちゃんとぶん投げて、ケリをつけないといけない。で、そのとき得意だった英語・現代文・世界史だけでいい学科を探し、その中で最も偏差値が高いところを目標にして急激な進路変更をしたのでした（ついさっきどこかで見たような流れですね）。

その結果（センター試験までの約1か月間で怒濤の世界史暗記ゲームを展開し）、法政大学という結構いいとこの大学に入ることができました。落ちた公立は地元の小さなところだったので、いいとこ入って見返したるわ！ みたいな謎のモチベーションもあったのですが、とにかくこのときサッカー時代の経験が生きたわけです。僕は「練習の仕方」を知っていて、それを受験に応用した。それがわかったとき、なるほどサッカーも無駄にはなってねえな、とひとつなにかを乗り越えたような感覚を覚えました。ちなみにセンター試験の英語が得意だったのは英語力よりも国語力の賜物です。当時のセンター試験は、最低限の英語力があればあとは「論理」で解答を導き出せるものでした（それを教えてくれた予備校の先生、ありがとう）。

ということで、勢いで英文学を専攻する学生になったのでした。ゆえに英語は嫌いではなかったけど、（自分基準での）好きというにはほど遠いものだったのでしょう。そのことに修士になってから気がついたわけです。でも「本を読む」のはどうやら好きだったようで、それを「修士論文を書く生活＝毎日かならず本を読まざるを得ない環境」に身を置いたときに気がついたのでした。理解するどころか読むことすら大変な学術書を毎日読んでいて、でもそれが苦じゃない。そうか、もしかしてこれは……となったのです。

「わからない」は悪ではない

なんだかとんでもなく回り道をした気がしますが、「わからない＝答えが出ないこと」についての話はまだ終わりません。むしろここからが本題です。そう、研究の本質がまさにこれだったのです。修士になってわかったのは、わからない＝答えが出ないことに延々と頭を悩ませることが研究であり、なんでも知っているように見えていた教授たちもまたその営みの最中にいるのだ、ということでした。そしてこの「わからない＝答えが出ないこと」は決して悪いことではない、ということも修士課程の2年間で学んだことのひとつです。

あるひとつの文学作品を取り上げたとしても、そこにはいくつものテーマ＝解釈の方法＝作品を見る視点があり、そのテーマに対する答え＝論文の要旨も同様にひとつではありません。自分が読み解きたいと思った作品を読み、その作品からなにかしらの解釈を取り出すこと。おそらく本読みの人ならわかると思いますが、これは想像以上に難しいことです。読書感想文ですらちゃんと書こうとすると大変ですから（この「ちゃんと書かせようとすること」が読書感想文が本嫌いを生む要因にもなりうるのですが……）、論文というある種「みなに認められる答え」を出すことが前提として要求されているものであれば、なおさらそのハードルは高くなります。つまり、自分にとって最も納得いく解釈が、他者にとってもそうである（少なくともその理屈は理解できる）

ものである必要があり、そのためには強固な論理＝根拠が（可能な限り多く）必要になる、ということです。

言い換えれば、読書感想文とは「自分はこう思う！」という主張をするところまでで十分に成立するもの（かつ十分に褒められるべきもの）で、論文とはその「こう思う！」を他者にも納得／理解してもらうところまでやらなければいけないものである、ということになります。さらに言えば、読書感想文に強固な論理と根拠を加えたものが論文なわけですが、その基礎となる感想文ですら無数の解が存在しているうえに、その解を根拠づけるための証拠もまた無数にあり、その証拠の質や組み合わせいかんによっては、解そのものの信憑性も担保されないことになるわけですから、その道のりは長く険しいものになります。

正直言って、万人が納得する論文など書けやしません。僕の指導教授にも書けないだろうし、英文学の世界で名を馳せている知の超人みたいな人たちにだって無理でしょう。そしてこのことは、万人が納得する論文を書くことを目標にして、それを真摯に追求した者ほど強く感じることです。「唯一絶対の答えなどない」ということは、それを血眼になって探し求めて、はじめて理解できるものなのかもしれません。そしてこの「答えなど見つからない」ということ自体が悪いことではない、ということもまた、その場所に立ってはじめて見ることのできる景色なのでしょう。「諦めたらそこで試合終了」という名言がありますが、永遠に決着のつかない試合の中でプレーをし続けることそのものが、実は最も価値があるものなのだと思います。そしてその営みに触れることができたのが、修士生活の2年間でした。

現実がディストピア化していた

ここでようやく、やっと、本屋になった理由（の中で最もわかりやすいもの）が出てきます。先ほど書いたように、毎日本を読み続ける生活を送るなかで「本が好きなのかもしれない」ということに気がついたわけですが、そこからなぜ「本屋」の道を選んだのか、というところは疑問に思われることかもしれません。たとえば、出版社でもよかったのでは？　とか。

僕は修士論文の題材にジョージ・オーウェルの『一九八四年』（早川書房）を選び、それを軸にしてユートピア／ディストピアとはなにか、それらを扱う文学作品と現実の社会との接点について、といったことを考えることにしました。この本の冒頭でも引用しましたが、なぜこんな暗い内容かつ重いテーマを題材に選んだのでしょうか……いや、選んでしまったのでしょうか。あらためて考えると、やはり高校のサッカー部での経験が深いところにある気がします。ようは権力欲や支配欲の源泉はいったいなんなのか、あるいは人が〈地獄〉に落ちるその仕組みとはどのようなものなのか、そういった部分を深く掘ってみたいという思いがどこかにあったのでしょう。気がついたら『一九八四年』という重厚な本を選んでいました（実は学部生時代に一度読んでいて、そのときはよく理解できなかったのですが、なにかやばい本だということだけは感じていて、その感触を思い出した、という側面もあります）。

時は2015年、そして2016年。修士論文の執筆が進むにつれ、つまりユートピア／ディストピアや全体主義についての理解が僕の中で深まっていくにつれ、現実世界においてもそれらが復活しつつありました。日本では「安保法案」や「共謀罪」、アメリカではドナルド・トランプの大統領選出。実際にアメリカではトランプ当選を機に『一九八四年』がベストセラーになっています。でも、この「自分の生きる世界がディストピア的な特徴を備えつつあること」に気がつくことができたのは、僕がこのような研究をしていたからなのかもしれません。たまたま近接するテーマに関心を持っていて、過去＝史実が書かれた多くの文献から得た知識と、それらを基礎にして書かれた文学作品を読むことで得た知識があったから、現実社会の（きな臭い）変化に気がつくことができた。現実社会のきな臭さを感じていたから『一九八四年』を選んだわけではありません。その当時は、いまほど政治や社会に対して意識を向けていませんでしたから。

残念ながら2023年の現在は当時よりも日本社会の腐敗＝ディストピア化は進んでいて、にもかかわらず日本国民の過半数がそれをよしとしている（または気がついてすらいない）わけです。

「知っている」と「知らない」の差は想像以上に大きく、知らないまま死んでいく／（社会や政治や人間に）殺される、ということが実際に起きてしまっています。そしてこの「知らないまま死んでいく／（社会や政治や人間に）殺される」という現象もまたディストピアの特徴で、そのことを知っているか知らないかでも、当人の行動に大きな差が生じてしまうのです。

『一九八四年』では、いかに独裁を構築・維持するかについての理論が多く語られていて、それを論じる作中書物《寡頭制集産主義の理論と実践》まで存在しています。その作中書物に書かれている理論は、私たちが生きる現実の世界においても現在進行形で実践されているものです（少なくとも僕にはそう感じられるし、『一九八四年』を読んだ人は同様の危機感を覚えるはずです。あるいは、学部生時代の僕のように「なにかやばい本だ」ということは感じるでしょう）。詳細はここでは省きますが、独裁は意図して作られる／作ることができるものであり、その戦略の中にある本質的要素は「貧困」であるということ、このことだけは書いておきます（『一九八四年』に関してよく言及される概念は「監視社会」ですが、本書の要点はそれだけではないと思います）。金銭的な貧困はもちろん、知識そして人間関係などもまたその範疇にあります。もう少し言い換えると、貧困とはすなわち孤立、または断絶です。お金、知識、そして人との関係＝アクセスを断つこと。独裁を望む権力者はこれを意図的におこないます。

そしてこの三つの貧困＝孤立＝断絶はすべてつながっていて、どれかひとつでもアクセスを奪われてしまうと、ほかの二つも徐々に失われていきます。お金がなければ人と会うこともできなくなるし、学校に行ったり本を読むこともできなくなる。人に会えなくなったり学ぶことができなくなると、収入を得る＝仕事に就くための機会やスキルが失われます。そして、その中でも最も重要なのが知識（へのアクセス）です。知識、あるいは知能は論理的思考能力の根本にあるもので、それがあるからこそ自分がいる／置かれている環境を認識したり、その環境が成立している仕組みを理解することが可能になります。つまり、なんらかのニュースを見て「この政策おかしくないか？」と思ったり、本を読んで「これって、もしかして現実の社会で起きてることじゃないか？」と感じたりすることができるのは、私たちにそれだけの知識＝知能＝論理的思考能力があるからです。そして、なによりもそれこそを、独裁者は必死になって奪おうとします。わかりやすい方法で、あるいは気がつかれないようにこっそりと。

　ならば本屋をやる意義もまたここに見出せるのではないか。少なくとも、このような現実を「知ってしまった」以上、やるしかない。知っていたのにできなかった、というのはもう嫌ですし。

英語を教えたいわけじゃない

くわえて、学校の先生としてやろうと思っていたことも本屋でならできるのではないか、というのがもうひとつの理由でした。先述したように学部4年次に僕は教育実習に行っていて、そこで「違う」と思ったから修士に進むことになったのでした。ではなにが「違う」と感じたものだったのか。それは端的に言えば、「英語ができる人間を育てたいわけじゃないんだよな……」というものでした。

これもすでに書いていますが、僕は英語が「好き」ではありません。なので、英語を好きになってもらいたい、というモチベーションもそう簡単には持てません。そして僕が「学校の先生っていいな……」と思ったきっかけとなった幾人かの先生たちは、誰も「勉強しなさい」とは言わなかったのです。僕が恩師だと思っている人たちから教わったのは教科のことではなく、生き方のことでした。先生たちにそのつもりがあったのかはわからないけど、担当教科のことで覚えていることはほとんどありません。でも、僕の記憶にある授業はすべて「楽しかったもの」として残っているし、ゆえに人生における学校生活の記憶すべてが（恩師とのかかわりが深かった学年に関してはとくに）あたたかい色調を帯びています。

学校が好きだったということ。でもそれは勉強が好きだったからではなくて、学校（教室）で過ごす時間が楽しかったからであって、その環境をつくっていたのは先生たちでした。そして僕がそれなりに勉強ができる子どもでいられたのも、学校（教室）が楽しい空間だったからです（この「できる」は成績のよさというよりは、前向きに授業を受けられるという意味合いでのもの）。たぶん僕にとっては、授業を受けていたのではなく、好きな先生の話を聴いていた（あるいは会話をしていた）だけ。その積み重ねによって自然とさまざまな生き方や価値観（とついでに教科の知識）を吸収していき、そのことがまた学校生活（＝子どもにとってはほぼ人生）を楽しく過ごすことにつながっていく。すると、楽しいから学校に行く／いるモチベーションが高まり、そこで吸収するものも比例して増えていく。という循環の中に、僕は小中高とずっといることができていました。きっと、サッカーをやめてからの残りの高校生活2年間を荒れることなく過ごせたのも、このおかげでしょう。だから同じ環境をつくりたかったのだと思います。〈地獄〉に落ちてしまう子どもが増えないように。

でも、僕が実習に行ったときはもう状況が変わってしまっていました。実習先に選んだ母校は基本的には他大受験をしなくていい付属高校で、ゆえに生徒時代の僕も居心地よく授業を受けられた（というより教室にいられた）のだと思うのですが、ちょうど実習時期の少し前から、いわゆる「グローバル人材の育成」が云々の英語教育カリキュラムがスタートしていて、たとえば「英語の授業は英語でやる」といったことが採用されていました。はっきり言ってこれは愚策です。英語教育に関する立ち入った議論はここではしませんが、「子どもたちが先生の言っていることを理解できていない」状態になっていることがよいことではないことくらいは、誰にでもわかると思います。すでに英語の基礎を十分に理解している子どもたち相手ならまだしも、他大受験をしなくていい付属高校の子どもたち相手ならなおのこと。ただでさえよくわからない授業が、完全にちんぷんかんぷんなものになっていました。

これでは絶対に英語のスキルは上がらない……ということは現場の先生たちも理解していたでしょう。そして、なによりも「学校が楽しい」とは思えなくなるのではないか（その結果、勉強にも身が入らなくなるのだから成績もついてこない）、という疑問が頭から離れなくなりました。でも、わかっていてもどうにもできないのだ、ということもまた伝わってきていました。文部科学省がそういう意向なのだから、下々の現場は従うほかない。たとえ愚策だとわかっていても。どうしようもない現実がそこにはありました。

進学校ではない付属高校でもこの状態なのだから、ほとんどの学校はこの傾向をさらに強めているのだろう。ということがわかってしまった瞬間、僕は先生になることを諦めました。現場を知らないエライヒトたちが考える、聞こえのいい理想論に加担することで子どもたちを苦しめたくない。そういう思いもありましたが、なによりも自分がつらかった、というのが大きいです。なぜなら僕は英語が「好き」ではないので。だからやっぱり、ここでも僕は「逃げた」のだと思います。「知っていた」のにできなかった。いや、しなかったのほうが正確でしょう。

「楽しい」を増やすための場所

といった経験もあったなかで、本屋になるという目標ができたわけです。すると、学校の先生としてはできなかったことも、本屋でならできるのではないかと思えたのです。僕が先生として教室で伝えたかったことは、おそらく「楽しい人生を送るためのヒント」のようなもので、あるいは、子どもたちが（いまとこれからの）人生を楽しく送る「お手伝い」をしたかったのだと思います。だから、あくまでも教科の指導はその「一環／一部」でしかなかったし、子どもたちが「学校が楽しい」と思えるのであれば、勉強の出来不出来などどうでもよかったのです。成績がひどくても学校（勉強）が楽しければそれでいいし、成績がよくても学校（勉強）がつらいのならそれはなにかが間違っています。

だから僕にとっては、「（ひとつしかない）答えを教える」のではなく「（いくつもある）答えのひとつないしは複数を提示する」ことが、理想の学校の先生像として追い求めていたものだったのだと思います。つまり、最終的にその答えを選ぶのは（そしてその良し悪しや自分との相性を判断するのは）子どもたち自身です。僕はあくまでも提示＝提案するだけ。そしてそれは、いくつもの答えや価値観をその中に内包している本と、その本が無数に集っている空間としての本屋、さらにその中で自分にとっての最適解となる（かもしれない）本を選び取る読者、という三つの景色をイメージしたとき、自分でも驚くほど自然に、とても静かに腑に落ちたのでした。

また、人生は「知っているものごとが多ければ多いほど楽しくなる」ということも、僕が本屋（あるいは学校の先生）を目指した理由のひとつです。たとえば、僕は野球が好きなので野球を見ていると楽しいのですが、なぜ楽しいと思えるのでしょうか。野球そのものが「楽しいもの」だからでしょうか。そう思えるのは「野球の楽しさを知っている」から……いや、野球の楽しさを感じられるだけの「前提知識がある」からなのではないでしょうか。ようは「野球のルールを知っているから」です。逆に言えば、野球観戦がつまらないのは野球のルールを知らないからです。

なにを当然なことを……と思うかもしれませんが、これは意外と見過ごされていることです。実は、いまあなたの本棚にある「読むのがつらくなってやめてしまった」積読《つんどく》本も同じ仕組みです。おそらく、その本そのものがつまらなかったのではなく、その本を読むあなたの知識が「追いついていなかった」ため、書いてあることが理解できない＝つまらない＝読むのがつらい、となってしまったのかもしれません。これは授業にも言えることで、とくに大学の授業は「教授がなに言ってるかわかんなくてマジでつまんねえ」となること山の如しだったと思いますが、それもやはり「こちらが追いついていない」だけだったりします。

僕の体験では、ある教授の授業（というか発話スタイルそのもの）が常に突拍子のない、あるいはウネウネと飛び飛びになっている感じがして「マジなに言ってるかわかんねえ」だったのですが、かれが自らの研究対象であるジェイムズ・ジョイスの特徴である〈意識の流れ〉という手法を体現してしまっているのではないか、ということに気がついたとき、彼の授業がただの「わかんねえ」になった、ということがありました。教授の発話（の流れ）自体を追うことすら難しかったのが、たんに「発話の内容が理解できない＝僕の知識が追いついていない」になったのです（「なに言ってるかわかんねえ」なのは変わらないけど）。こうなってくると授業自体は面白くなってきます。あ、いまは学説＝事実を述べているな……むむっ、いまは教授の脳裏に浮かんだものが口をついて出ているぞ（だからたぶんこれは聞き流していいやつだ！）、という感じで。え？なに言ってるかわからない？　ではまず〈意識の流れ〉を軽くググってからもう一度読み返してみてください。きっと面白い、あるいはつまらなくても、たとえば「筆者の話の持っていき方が悪いのだ」というように感じるはずです。「わからなくてつまらない」ではなくて。

結局のところ、人生は「面白い／楽しいと思えるものごと」を増やしていく営みなのだと思っています。そしてそのためには、この世界を見る自分の目の解像度を上げていくことが必要になります。ハトが首を振って歩いているのを見て、「まっすぐ前後に振ってるんじゃなくてちょっと三角形なんだよな……」と思える人は、ただ道を歩いているだけでも楽しみがひとつ増えています[*1]（この知識を僕はモノマネ芸人のコロッケから教わりました。テレビ越しにですが）。そして、本はこの「解像度を上げる」ためにはうってつけの存在です。人類が得た知識、見てきた景色、つまりその営みすべてを網羅していると言ってもいい存在が本ですから。すべての先人たちの肩の上に乗って、[*2]最高の景色を見ましょう。そしてできることなら、その景色をほかの人にも伝えてほしい。つまり、記し、残す、ということ。それが物体化したものが本であり、その本を人から人（あるいは過去から未来）へと渡していく役割を担うのが、本屋なのです。最高ですね。

＊1　ハトの首振りは藤田祐樹『ハトはなぜ首を振って歩くのか』（岩波書店）により詳しい。

＊2　「肩の上に乗る」という概念は北村紗衣『批評の教室』（筑摩書房）から借用した。「巨人の肩に乗る（立つ）」は、欧米では研究者のあるべき姿勢としてしばしば慣用的に使われる。

開業当時の小屋本店

2

メディア／クリエイターとしての本屋

「本屋はメディアである」とはよく言われますが、実はクリエイターでもあるのではないか。いずれにせよ、そこには果たすべき責任が生じるが、私たち本屋はそれに十分に向きあっているのか。そして責任（感）の欠如が私たちひとりひとり、ひいては社会に対してもたらす影響とはどのようなものなのか。まずはここを意識することが本屋としての基礎になると考えています。必然的に厳しさを伴う章になりますが、この基礎の上に立つことで、自由や楽しさ、居心地のよさも感じられるようになるはずです。私たちは社会を動かしているということ、その認識を持てるかどうかで、さまざまなことが変わるはず……。

「知る」を剥奪されないために

前章で言及したように、私たちの生活は「知ること」によって彩り豊かになっていく、あるいはそれが生活の成立要件になっていると言ってもいいかもしれません。知らなければ楽しくない。あるいは、知らなければ生きていけない。あらためて文字にすると、当然のことであるがゆえに恐ろしさを感じます。もしかしたら私たちは知らないことのほうが多いのではないか。私たちは知らないうちにさまざまなものを「剥奪」されているのではないか。それを得る権利が自明のものとして存在していたことすら知ることなく、失われていったものごとがあるのではないか。

そう考えると、私たちに保障されている（はずの）「知る権利」は、やはり生存権[*1]（人権）の根幹をなすものなのだと思います。そもそもの話、私たちには生存権（人権）が保障されている／されるべきであるということを知っていなければ、それが十分になされていないことへの抗議はできない、というかその意思すら生じません。

ではその知識を、私たちはどこから得たのでしょうか。多くの場合、おそらく最初は学校の授業で、社会科の教科書を通してだったと思います（つまり学校に行けない場合、早くもここで「剥奪」されるわけです）。あるいは家族／家庭内での教育によるものでしょうか（これも同様に家族／家庭を持たない子の場合は「剝奪」の対象となる)。そして教師であろうと親であろうと、かれらにこの知識がなければ下の世代に教えていくことはできません。「知」は受け継がれていくものであり、どこかで断絶すると再び軌道に乗せることはなかなか容易ではありません。

あるいはSNSなど、インターネットの世界で知識を得ていくことも、この時代においてはスタンダードなものになっているでしょう(もちろんこの場合も、そこにアクセスするための環境が整備されていることが前提になる)。というより、もはやインターネットの世界で得る知識のほうが主流、かつ自分にとって意味のあるものとして感じられるものになっているような気もします。たとえばツイッターのタイムラインで流れてきて得た情報なんかも、そこにはどこか「自発的」なものが含まれているような感じがありますよね。自分でフォローした人のツイートや、その人がリツイートしたものから得た情報は、他者(の言葉)を介しているとはいえ、自分から掴みに行ったもののように感じているのかもしれません。正直、僕も人権に関するあれこれはSN

*1 以降の章で言及される「生存権」は日本国憲法のそれをもとに著者個人の解釈を施したものであり、一般的な憲法学の解釈に厳密に沿うものではない。憲法学的解釈に沿うならば、幸福追求権(13条)の概念が最も近いが、いずれにせよ「生きていなければどんな権利も追求(行使)はできない」ため、そのことを主張するために「生存権」という言葉を使用している。あるいは日本国憲法前文にある「われらは、全世界の国民が、ひとしく恐怖と欠乏から免かれ、平和のうちに生存する権利を有することを確認する」から導き出される平和的生存権を根拠にしていると考えてもらってもよい。

Sを通して得てきています。学校で教えてもらったことなんかほとんど覚えていません。ゆえに、（人権に関するものごとにかかわらず）「自分のもの／自分に関係があるもの」という意識を伴った知識というのは、自発的な獲得が前提となるように思えます。その点、本というのはうってつけです。というより、自発性がなければ本は面白くないし、そもそも読もうとすら思わないでしょう。もちろん、いやいや読みはじめる場合もあるでしょうが、なんらかのきっかけで一度スイッチが入ったら、そこからは自発的な読書になります（入らなかったらいずれ本は閉じられる）。なにかを知りたい、なにかを得たい。そういった欲求を持ったときに、本が選ばれるのは当然のことなのかもしれません。

本に介在する多様な意思

となると本屋の役割は非常に重要なものになってきます。いまや私たちの知の「入り口」はSNSになりつつあり、ゆえに（紙の）本屋は苦しい状況にあるとも言えるわけですが、入り口からさらに深く分け入っていく＝自発的な探索者になることを志した人にとっては、本は心強い装備品になるわけです。だからこそ読者が「不良品」を手にとるようなことがあってはならないのですが、果たして本屋はそのためのアドバイザーとしての役割を担えているのでしょうか。本屋店頭に無配慮に置かれているヘイト本や差別本、加害に対して無頓着(あるいは露悪的)に加担する本を見てしまうと、決してイエスとは言えない状況です。

よく「本(屋)はメディアである」と表現されますが、メディア(medium)の辞書的な定義である「媒介」は、まさに本(屋)の本質をあらわしているように思えます。人は本を通して知識や情報を得る。その本は自分以外の他者が書いたものであり、その書かれたものもまた書き手以外の人の人生だったりする。さらに、その本は自分以外の他者が編集し流通させ、つまりさまざまな他者を通して自分のところに届いている。そう考えると、書き手と受け手の一対一の直接的なコミュニケーションというよりは、他者の介在したコミュニケーションの要素のほうが大きいように思えます。

ここでひとつ考えたいのは、本に対するこの介在が、他者(=他工程)への影響力をいっさい持たないものなのか、あるいはなんらかの影響を与えるものなのか、ということです。ノンフィクションというジャンルを例にとって、上流から順を追って見ていきましょう。

①書き手は「なにを書くか(書かないか)」を判断している

↓たとえノンフィクションであれ事実を「すべて」書いているわけではないし、書き手の視点=フィルターを通して見られた現象が「ありのまま」書かれているだけで、ものごとそのものありのままではない（取材対象のあるノンフィクションの場合、その対象が書き手に対してなにを語るのか／語らないのかというフィルターもかかっている）。
②そうして書かれた原稿は編集や校正・校閲担当の目を通してチェックされる
↓編集者の企画意図や自身の人生経験が（否が応でも）反映された提案が書き手に対してなされる（編集者に関しては、①の前段階として「著者に企画を持ちかける」という工程もあるため、編集者や出版社は著者以上に責任の主体であるとも考えられる）。加えて校正・校閲担当からの語彙に対する辞書的指摘、あるいは事実に対する正誤の指摘が入ることで、書き手の認識や原稿の内容そのものに変化が生じる。
③完成した原稿は印刷され、本の形に綴じられる
↓帯の推薦文は他者によって書かれ（＝他者による解釈が本に挿入される）、装丁もまたデザイナーという他者の解釈を受けて施される。装丁には紙やインク、印刷機などの物理的制約から、印刷・製本所の意見が反映されることもある。
④完成した本は編集担当または営業担当によって広報される
↓編集および営業担当の「こう読まれたい／こう売りたい／こういう人に届けたい」という意図が反映された告知がなされる。どの本屋に置いてもらいたいのか、本屋のどの棚に置いてもらいたいのか、そういった作り手側の意図を伴った新刊案内が本屋に送られる。また、読者

に対しても同様に告知がなされる。

本屋の意思を失わせる構造

さて、ここからが肝心の本屋の領域なのですが、その前に一息つきながら確認しておきましょう。このように過程を（大雑把であれ）ひとつひとつ分解して見ていくと、なんらかの意識や意図を伴わない介在は本づくりの過程にはないように思えます（そもそも、意識も意図もない状態で作られたものには、他者を惹きつける魅力が生じ得ないとも言えるでしょう）。いわゆる「右から左へ受け流す」的な過程は、ここまでの段階では見受けられません。逆に言えば、そのような過程が多ければ多いほど、その本は駄作になっていくのでしょう。

といったところで本屋の過程に入っていきますが、まずは「取次《とりつぎ》」という存在についての説明をしたいと思います。出版業界において、この取次が担っている役割を無視してなにごとも語ることはできないですし、他業界と比較した際の出版業界の持つ特殊性は、取次が生み出している面が非常に大きいからです。

取次とは、簡単に言ってしまえば「問屋」や「商社」です。出版社と本屋のあいだに存在し、その二者に代わって本の流通とお金のやりとりをしてくれています。なぜ取次が出版社と本屋にとって必要かというと、端的に言えば「あまりにも数（量）が多すぎて大変だから」です。日本にはおよそ3000の出版社があるとされ、年間刊行点数は7万点を超えると言われていますし、本屋の数も（だいぶ減ったとはいえ）1万軒ほどあるようです。そのひとつひとつとやりとりをする、つまり出版社は本屋に対して「本が出るよ！」と知らせ、本屋は「何冊ちょうだい！」と返し、その冊数分を出版社が本屋に送り、本屋はその仕入れ代金を期日までに支払う……というのを一対一でやっていたら時間と身体がいくつあっても足りません。ということで取次が登場します。

出版業界に特有の仕組みとして、主に挙げられるのは「委託制度」と「配本制度」です。また、これらと蜜月の仲というか、切っても切れない腐れ縁のような関係性にあるのが「返品」と「定価販売（再販売価格維持制度）」です。これらの仕組み（慣習）を維持・管理しているのが取次とも言えるでしょう。こちらもやはり少し説明をします。

前述したように、本屋は新刊一点一点を「すべてチェックして発注する」ことは不可能です。日本では一日平均200点ほどが「新刊」としてこの世に放たれ、それがほぼ毎日続いています。一日に200冊の本を読むことはできませんし、ぱらっとチェックする程度でも相当な負担です。そのうえ自店への納品数まで決める必要があるとなると、どう考えたって無理があります。少なくとも、基本的に客層を固定しない傾向のあるチェーン店などでは、一点ずつ確認して一点ずつ発注をするというやり方は難しいでしょう。たとえジャンルごとに担当がいる場合でも、本屋の業務は本を選ぶ以外にもたくさんあるわけですし、残業を想定しない一日8時間以内の勤務ではやはり不可能です。

といったところでやってくるのが「配本制度」です。これは新刊を取次が「この本屋にはこの冊数納品しますよ」と代わりに決定してくれる制度です（この冊数指定を出版社がすることもある）。これはとても楽な制度です。納品数の根拠となるのは主に同ジャンルや同著者の過去実績、類書の売上実績、店舗規模などですが、そういった各種データをもとに取次（ないし出版社）が「最適数」を納品してくれる……というのが一応、配本制度の名目。ようは、本屋はなにもしなくても「ちょうどいい感じ」の本が入荷してくるわけなので、この仕組みを活用することで「かゆいところに手が届く」と言いますか、本屋がチェックしきれない部分を配本制度が担ってくれている、というわけです。

実際にはこの配本制度と、本屋側からの自発的な発注のハイブリッドによって本屋の店頭は形成されています。本屋側からの視点で表現すると、この本は推したいから（的確な発注数がわかるから）こっちで指定しますね、この本はちょっと不案内だから取次さん頼むね、という感じです。いやはや、理想的な協力関係じゃないですか。

と、思うんですが、実際にはそううまくことは運びません。さまざまな要因が複雑に絡みあうことで、この配本制度は業界内に多くの歪《ひず》みを生み出してしまっています。配本制度に対する多くの本屋の評価を端的に表現すると、「ほしい本は来ないし、いらない本は来る」だと思います。なぜそんなことに……というのはなかなか一口では説明できないし、説明できないほどに複雑だからこそ解決されないままなのですが、本書では深く触れないことにしておきます……。

責任転嫁は川上へ

といった前提をふまえて、本屋＝メディア（媒介）論に戻ってみましょう。確認したかったのは、この媒介＝介在する存在としての本屋が無色透明なものなのかどうか、ということでした。結論から言うと、配本制度が本屋の無色透明化を後押ししてしまった、あるいは無色透明であることの「言い訳」になってしまっている、というのが僕の考えです（もちろんあくまでも傾向の話であり、すべての本屋に当てはまるわけではない）。

究極な話、100％配本制度に頼っていても本屋は運営できるわけです。入荷してくる本はすべて配本によって自動的に決定され、入荷した本をどのように並べるのかもジャンルや図書分類などによって機械的に決定される。本屋がいっさい頭を使わなくても、それなりのお店＝

とりあえずの本が並んでいる状態はつくれてしまう。本屋の意思や意図は不要、最適化されたものが配本されてくるから。そういう意識が、どうしたって本屋側には生じてしまいます（刊行点数の多さや過重労働によって「とにかく入荷した本を並べるしかない」状態になってしまっていることもまた、この傾向に拍車をかけています）。

さて、ここで問題になってくるのが「言い訳になってしまっている」という部分です。前段までで言及した「配本に頼らざるを得ない」構造／状況によって生み出された本屋の無色透明化は、本屋が担うべきだったはずの責任までをも転嫁することにつながってしまっています。その典型例が差別・ヘイト本です。「配本されてきたから」「一点一点チェックしきれるわけじゃないから」。そして「売れるから」。多種多様な「言い訳」によって、これらは店頭に（無頓着に）存在することを許されてしまっています。

もちろんこれは、実際に店頭を運営している書店員ひとりひとりからすれば無理難題なことに思えるでしょう。僕だってそのひとりです。でも「無理なんだから仕方ないじゃん」で開き直っていいものではありません。できないからこそ、少しでもできるように努力をするべき問題です。そして、この問題が業界の仕組みによって生じるものであるのなら、その責任を業界全体に、つまり業界の舵を取っている「川上」側のプレーヤーに対して、改善を要求していくこと。それもまた同様に本屋の責任なのだと思います。文句や怒りは、川下側にいる存在＝差別やヘイトの被害を受ける人たちに向けるべきものではありませんから。

また、この本屋の無色透明化が、いつのまにか「義務」であったり、あるいは「（高）評価の基準」になっていることこそ、最も憂うべきものだと考えています。「仕方なくやっていた」ことが、徐々に「そうしなくちゃいけない」に、あるいは「それこそがあるべき姿」になっていく。「読者が読みたいと思う本がある本屋がいい本屋だ」「表現の自由は本屋が率先して守るべきものだ」といった、一見するといいことを言っているような言説によって、本屋が無色透明であること＝意思や意図を持たないことが、本屋の責任／義務／高評価の理由になってしまう。しかし、そこで傷を負うことになる存在を、私たちはケアしなくていいのでしょうか。あるいは「いないこと」にしてしまっていいのでしょうか。どうしたって生じるジレンマを、それを解決する「権利すら持たない」人たち＝マイノリティに転嫁することで、かれらが傷つき続ける状況を維持してしまっていいのでしょうか。もう一度言いましょう。抑えきれない文句や怒り、あるいは抱えきれない責任は、転嫁するなら川上側の存在にしろ。間違っても川下側にはするな。大事なことなので語調は強めておきました。

また少し話が逸れてしまいましたが（でも大事な話なので再度後述します）、作り手側の過程では必須条件とも言えた「意思や意図」が、本屋の過程に入った途端「ないほうがいいもの」になってしまっている気がします。あるいは、意思や意図を介在「させることができない」状態に。

はじめから途中までは「右から左へ受け流すべきではない」ものだったのに、最後の最後で180度転回してしまっています。これ、僕にはどうやっても不自然なことに思えますし、この不自然さこそがさまざまな歪みの原因のひとつなんじゃないか、とも思えます。

おそらく、この不自然な転回は、「本屋も作り手のひとりである」という意識がないことによって生じているのでしょう。いまこれを読んだみなさんの中にも、いまいちピンときてない人も多いかと思います。「本屋が作り手?」と。

意思を持ちやすい本屋＝セレクトショップ型

本屋も作り手のひとりである、というのはどういうことでしょうか。クリエイター、表現者、そういった言葉に言い換えてもいいでしょう。もしかしたらよりいっそうわからなくなったかもしれませんが、とりあえず、先に簡潔で明瞭な答えを提示しておきましょう。

本屋は本で、そして本の集合体である棚で、さらには棚の集合体であるお店全体で、本屋の意識/無意識を問わず、なんらかの意思表明＝表現をしているまずはわかりやすいほうから説明していきましょう。取次による配本がなく、すべての本を本屋側の意思によって発注している本屋。いわゆるセレクトショップ型本屋です。どの本をどれだけ入れて、どのように並べるのか。店内レイアウト含めて、基本的には裁量が広めであると言えるでしょう（ジャンル・分類の枠が緩い）。お店のポリシー＝個性＝色を強めに出すことも、チェーン書店などに比べるとしやすいのがこのセレクトショップ型本屋です。こういった本屋では、店主を筆頭にそこで働く人の思考や価値観、主義主張がお店づくりに反映されやすいこと、あるいはそれをお客さん＝受け手が感じやすいこと、このどちらも想像しやすいかと思います。頑固一徹ラーメン一筋、俺のラーメンは熱々のうちに食わねえと許さねえぞ（フーフー禁止）。そういうラーメン屋があったとして、それが許される（受け入れられる）のは基本的には個人店ですよね。その頑固さがいい、みたいな。

頑固一徹ラーメン屋の話を敷衍すると、おそらくこの店主はラーメンづくりそのものにもこだわりがあるでしょう。出汁《だし》とか麺とか、とにかくこだわりのものがあり、ようするにラーメンをひとつの創作物＝表現物として考えている。だからこそ「食べ方」にもこだわりがある。流石《さすが》にお客さんの「買い方」にまでこだわってくる本屋はめずらしいかもしれませんが、僕はあってもいいと思っています。それはそれで面白いし、というか、それを面白いと思う人が（あるいは面白いと思えるときに）その本屋に行けばいいので。

とにかく、セレクトショップ型本屋は独自の色を出すこと、そしてそれを受け入れることをお客さん＝受け手に要求することが比較的許されている、ということはイメージしやすいかと思います。「まあ好きにやればいいんじゃないの、潰れてもそれは自業自得だし」と、冷たい自己責任論を根本にして受け入れられてる（突き放されてる）側面もある気はしますが、それも含めて「そうですよ、こっちの勝手ですから。嫌なら来なくていいですよ」としやすいのがこちらのタイプです。

パーフェクトルーティーンにも隙はある

というのをふまえたうえで、次はわかりにくいほうに入っていきましょう。取次による配本がメインのチェーン型本屋です。せっかくなので、こちらでもラーメン屋に登場してもらいましょう。今度は「どの店舗に行っても味の変化がいっさいない、完璧に機械化された商品スキーム」を売りにしているチェーンです。想像しやすくするためにあえて極端にするので、もちろん店員は全員ペッパーくん。一挙手一投足に寸分の狂いもない、パーフェクトルーティーン。

この場合、お店側がなんらかの意思や意図をもってラーメンを提供し、お店を運営している、とは想像しにくいでしょう。お客さんの食べ方に注文をつけることもないはず。もしペッパーくんに「熱々のうちに食いやがれ」と言われたら……僕はそれを面白がれるタイプですが、多数派ではないでしょう。というか、ペッパーくんからその要求をされるとしたら、むしろそのチェーンはそれ（無色透明で完璧なルーティーンの最後の最後でオチをつけてくる）を「色＝個性」として売り出していることになり、つまり意思や意図をもった創作・表現物となってしまいます。

次は少し条件を緩和してみましょう。レシピも手順もすべて完全に指定されてはいるものの、ペッパーくんではなく生身の人間が調理・配膳をする場合です。ナルトの位置はここでこの向き、ネギとメンマの割合はきっかり1対1（各43グラムずつ）、みたいな感じでこと細かに指定されているとして、それでもやはり誤差が出るのが人間の手仕事でしょう。あるいは、自分では完璧にやっていると思っていても、どこか作業者本人の「色」が出てしまう、それが人間の「振る舞い」だと思います。

ということでかならず差異は生じるし、その差異こそが「受け手」にとっては意思＝表現であると感じられる要因になってしまいます。受け手側からすれば、作り手側がそれを意識しているかどうかなどは関係なく、受け手側がそれを「そうだ」と思えば、それはもう「意図」や「表現」になってしまう。このナルト、メンマとの角度が黄金比率だね……なんて受け手側が勝手に解釈して「さすがパーフェクトルーティーン」なんて頓珍漢な解釈（納得）をすることだってあるし、それは受け手の自由です（もちろん、作り手側にはその解釈を正す権利はありますが）。

こうなってくるともう、ペッパーくんにだって意図＝表現を見出すことが可能になってきます。

「掃除婦」＝実用書？

といったところで本屋の話に戻りましょう。まず（何度でも）確認しておきたいのは、本にはそもそも作り手の意思が反映されているということ、そしてそれがラーメン（の具材）と比べたら圧倒的に目に見えやすい＝書き手はどういうテーマの話をしたいのか、どんな意見を伝えたいのか、などが受け手に伝わりやすいということ。そのうえで、本の世界の特性をもう一度思い出してみましょう。ほぼ毎日新刊が出て、入荷や返品をくりかえしている、という特性です。つまりラーメンでいえば、毎日使っている具材の種類が変わっているということです。棚の作り手＝本屋の意図を読み取るな、というのが無理な話だということが、ここまでの流れを理解してくれている人であれば納得できるかと思います。

表紙やタイトルを見れば作り手（＝書き手）の意図が見え、棚を見ればこちらも同様に作り手（＝本屋）の意図が見えてくる。たとえ本屋の側にその意思がなくとも、受け手である読者にはなんらかの意図を読み取れてしまう環境ができてしまっています。たとえばエンド台で平積みになっている本。多くの読者は「売れている本なんだな」とか「売り出したい本なんだな」と思うでしょう。本屋が品出し中にお客さんから問い合わせを受けて、そのまま忘れていってしまっただけの「平積み」だったとしても。そして、そのオススメ本をあなたは買っている、なんてこともすでに経験済みかもしれません。

ついでなので興味深い話をしておきますが、刊行後すぐに話題になり版を重ねている海外文学の『掃除婦のための手引き書』（ルシア・ベルリン著、講談社）が実用書の棚に置かれていたなんて話もありました。ようは「よくわかってない本屋がタイトルに惑わされて頓珍漢な棚に置いたのでは？」という予測のもとに成り立つ笑い話なのですが、僕のように捻《ひね》くれている本屋は「いや、これはふだん海外文学を読まない人にも手に取ってほしい（間違って買ってくれてもいい）という狙いがあってわざとやっているのではないか」なんて考えてしまうわけです。こうやって受け手ひとりひとりが異なる解釈をしてしまうことからも、人が本屋の棚を見ていろいろなことを感じて／考えていることがわかると思います。

さて、ダメ押しをしておきましょう。ペッパーくん再登場。いまの『掃除婦』の話、いかにもペッパーくん的間違いですよね。タイトルだけでジャンルを判断してしまうのは機械翻訳的というか、頭の硬い融通のきかないロボット＝意思のない存在が本を置いている、というイメ

エンド台

ージにピッタリです。でも、私たちはそこから意図だったり意味だったりを読み取りましたよね？　そこには棚を作っている「人」がいて、その人はなんらかの「意思／意図」を持って動いている、という前提が、私たちの中にはすでに組み込まれているのかもしれません。本屋も作り手であるということ、だいぶイメージしやすくなったかと思います。

キャベツとピッコラ

本屋も作り手である以上、逃れられないものが生じてきます。批評、つまり受け手からの評価がなされる存在になるということです。本屋にとっての批評＝評価とはなんでしょうか。まず思い浮かぶのは「売上」でしょう。棚を見て「面白い」と思った本があったから買う、あるいは買いたいと思っていた本があったから買う。どちらも高評価を得たからこその受け手の行動です。受け手側からの期待に作り手側が応えたがゆえの結果＝売上。これはとてもわかりやすい事象かと思います（逆に言えば、このような批評＝評価とそれを受けての行動＝購入が生じていることが、本屋が作り手であることの証明になっているとも考えられます）。

ここで考えたいのが「いい本屋だね」という評価についてです。この抽象的で個別性のない評価の基準になるもののひとつを、あえてこちらから指定してみましょう。「ヘイトや差別を助長する本や、歴史修正主義に加担する本が置いてないか」という基準です。なぜこれを議論の俎上《そじょう》に載せるのか、それは本書の主題のひとつだからであると同時に、多くの本屋が「言い訳を見つけて批評＝評価の土俵から外してきた」ものでもあるからです。もう少し具体的に言いましょう。「私たちは出版社や取次から送られてきた本を並べるのが仕事であり、読者の選択の自由を尊重する意味でも、私たち本屋の側に極端な恣意性があってはならないから」という、文言だけ見れば至極まっとうなことを言っているようで、その実あまりにも無責任な態度・言動に対する、ひとりの本屋からの異議を述べること。これが本書の目的のひとつであるということです。

しつこく言及していきますが、本屋は作り手のひとりです。作り手である以上、その作品に対する評価を受けると同時に、その作品に対して生じる責任を負うべき存在でもあるということです。

他業種のことを考えてみれば、本屋の異常性がはっきりとわかるはずです。たとえば八百屋が腐った野菜を置いていて、それをお客さんが買ってしまったらクレームを受けるのは八百屋です。もちろん入荷時から腐っていた場合もあるでしょうし、そうなると卸売業者や農家にも責任は生じます。でも、それが腐った野菜であるということを認識できなかった八百屋に責任がいっさいない、なんてことにならないのは納得できるでしょう。

ですが、本屋ではその理論がまかり通ってしまっています。もちろん、とくに本の場合は「腐っている」という判断基準は人によって異なるでしょうし、その違いゆえにさまざまな論争が巻き起こっているのも確かです（もちろん、野菜の腐敗に関する判断基準も人によって異なりますが、「腐っている商品を売り場に並べないこと」自体に対する批判は聞いたことがありません）。しかし「本屋は置く本を選ばなくていい／選ばないほうがいい」という考え方への反論はしたいと思います。

引き続き八百屋を例にとって考えていきましょう。野菜コーナーの中のキャベツが置いてある一角にあなたはいます。ふだん置いてある緑のキャベツの横に、今日は茶色のキャベツ（実は腐っている）があります。しかも大量に、緑のものよりも多く。もしあなたがふだんから料理をする人で、新鮮なキャベツとそうではないキャベツの見分け方も知っているのであれば、たとえば茶色のキャベツの匂いを確認してみたりするでしょう。紫キャベツはあるけど、流石に茶色は……と思って確認したらやっぱり、みたいなことになるかもしれません。でも、ふだん料理をしない人が、たまたまおつかいを頼まれていた場合はどうでしょう。緑のキャベツよりも多く並んでいるそれを見て、もしかしたら「こっちがふつうのキャベツだ」と思ってしまうかもしれません。少しかじった程度の知識の人なら「紫キャベツもあるしね」となる可能性も考えられるでしょう。

あるいは、その茶色キャベツの匂いが緑のものと変わらなかったら、そして毎日そこに大量に並んでいたとしたら。熟練の料理人でも「もしや新種？」と思いはじめるかもしれません。あるいはキャベツではなく「ピッコラ」という商品名で毎日並んでいたら。これはキャベツに似たなにかで、でも別種のもの（＝ピッコラ）だから茶色なのが（そして変な匂いがするのが）「ふつう」なんだと思いはじめるかもしれません。ちなみに「ピッコラ」はいま僕が思いついた架空の名称です。でも実際にありそうでしょう？　僕は間違って買う自信があります。キャベツに似た茶色の（ちょっと独特の匂いがする）野菜、ピッコラ。

みんな素人《しろうと》（だからこそ）

私たちの多くは「専門家」ではありません。あるいは、私たちは「この世のほとんどのものごとに対して素人」です。新鮮なキャベツの見分け方を知らない人は思っているより多い、と考えたほうがいいでしょう。そうなると、事実上この世のあらゆるものごとを題材としている存在である本は、もはや恐ろしいものに思えてきます。いったいどれだけの「茶色いキャベツ」あるいは「ピッコラ」が、本屋の棚に置かれているのか（そして私たちはそれを買って読んでしまっているのか）。私たちが「おいしい／面白い（正しい）」と思って食べて／読んでいたあれ、本当は腐ってた／デマ（嘘）だったのかもしれないの……？

本屋が本を選ばなくなる、つまりなんらかのフィルターを通して選書することをしなくなるというのは、この可能性を増大させることに直結します（検品作業は一回でも多くあったほうがいい）。でも、本屋だってひとりの人間で、つまり「この世のほとんどのものごとに対して素人」なんだから、一冊一冊の本すべてを正確に判断することなんて不可能じゃん！　そう、その通りです。でも、だからといって「やらなくていい」わけではないし、あまつさえそれを言い訳にするどころか「刊行された本はなんでも置く本屋こそ、読者の選択の自由を尊重している善き本屋だ」なんて言いだしはじめるのは間違っています。だからこそ、ここではどうやったって素人でしかない私たちがどのように専門性を身につけるか、あるいは素人のまま（できるだけ）正確な判断をするか、ということを考えていきましょう。

そのためのキーワードは「共有知」と「巨人の肩に乗る」です。

誰もが「巨人」になれる

本屋lighthouseでは、差別やヘイトを助長する本や歴史修正主義に加担する本は置かない、ということをポリシーに掲げています。ではそれを１００％できているかというと、そんなことはありません。でもだからこそ、そのポリシーを掲げること＝自らに責任を負わせて意識させることでもって、可能な限りポリシーをまっとうできるようにする。そういう意識で日々やっています。

あるいは、僕は人文科学のジャンルが得意ですが、文芸書や児童書はどちらかというと不得意です。でも人文科学の棚だけでは本屋を成立させるのは難しい。できる限り広く（そして可能な限り深く＝精確に）本を取り揃えられるのが、やはり理想になってきます。というときにどうするかというと、僕はほかの本屋を頼りにしています。とくに日本の文芸作品なんかは顕著で、たとえばツイッターにたくさんいる目利きの書店員アカウントのおすすめを参考にして選書していたりします。この人が言うなら間違いない、面白いはずだ。そうやって僕は「巨人の肩に乗っている」わけです。ある種、読者と同じ感覚です。でもそこにいち本屋として、つまりlighthouseのポリシーというフィルターをかけて、最終的な判断を下すようにしています（もちろん、参考にする目利きの書店員を選ぶときにもフィルターをかけています）。

当然、人文科学系の本も「巨人の肩に乗って」選書しています。というか、人文科学系の本こそ、そうする必要があります。ド直球の差別やヘイト、歴史修正をやらかす可能性が大いにあるジャンルだからです。自分が専門家ではないこと、むしろど素人でしかないことを日々自身に突きつけながら、でもそれを言い訳にしてはならないという自覚を持ちながら、選書する。そもそも「乗る巨人」を間違えてしまっていたら元も子もありませんので、その選球眼的なものは身につける必要があるのですが、これはもう日々研鑽を続けるしかありません。

と書くとなかなかに難しいことのように思えますが（そして実際に容易ではないのですが）、実はこれ、本人が気がついていないだけで、本屋ならふだんからやっていることだったりします。もしあなたが本屋なら、ふだん自分がどうやって仕入れる本を決めているか（あるいは入荷してきた本をどう並べるか／返品するか）を想像してみてください。主にチェックするのは以下の点かと思われます。タイトル、著者、出版社、そしてタイトルやあらすじなどに含まれるいくつかのキーワード。たとえばタイトルなら過去の類書があったかどうか、著者ならこれまでの著作、出版社なら得意なジャンル、キーワードなら時事情勢などを参照軸にして、自分の脳内データベースを働かせているはずです。この手の本ならもうロングセラーがあるから仕入れなくていいな、この著者は過去の著書からして信頼できるから仕入れよう、この出版社からこのジャンルはめずらしいから念のため調べておこう、このキーワードはいま店に並んでなきゃまずいでしょう、などなど。

ようはこのデータベースの蓄積が多ければ多いほど、その本屋は的確な選書ができる（可能性が高い）ということです。もちろんこれは読者にも当てはまりますよね。買う本を決めるとき、みなさんいろいろな観点から検討しているはずです。そして、読書歴が長くなればなるほど精度が高くなる、つまり自分には合わない本＝ハズレ本を引く可能性は低くなっていくはずです。

こうやって私たちは常に本を選んでいるわけですが、そういう意味では自分自身が「巨人」になっているとも考えられるでしょう。もちろん、自分自身に対してなにかしらの責任を持たせて＝フィルターをかけて本を選ぶ、という行為を自覚的に続けていくことが、自らを「巨人」とするための必須条件ではありますが。

さて、このようにして自らを「巨人」として成長させ続けている本屋は確かに存在していま す。そんなかれらが少しずつでも増えていったら、どのような世界になるでしょうか。つまり、巨人どうしがそれぞれの肩に乗りあって、より高いところからの景色を見ようと努力し続ける世界があったら。その「共有知」は本屋を、そして読者をどこに連れていってくれるのか。

私たちは簡単に受け入れてしまう

そうなると、もはや本そのものが「巨人」であるとも考えられます。となると、肩に乗る「巨人」を間違えないために、あるいは自分自身が間違った「巨人」にならないためには、いかにして正確／精確な本を読んでいくかということも大切になってきます。逆に言えば、正確／精確ではない本を読み続けていたら、あるいは、自分が読んでいる本が正確／精確ではないことに気がつかないままでいたら、私たちは自らを「（その肩に）乗るべきではない巨人」にしてしまいます。そしてその「乗るべきではない巨人」の肩に乗ってしまう人は、どうしたって生まれてしまうわけですから、その循環が進めばその社会はどんどんおかしくなっていきます。

ここでも八百屋の例を出して考えてみましょう。先ほど登場した新種の野菜ピッコラですが、これを目にした人がどのような反応を見せるのか、2パターンに分けて考えてみます。

①ふだんから料理をする人

②料理に興味がない人

この2パターンで大きく分けて考えてみると、①の人はまず「ピッコラ」なんて野菜あるの？→調べるという行動になる可能性が最も高いかと思われます。その場合、「ピッコラ」は検索に引っかからないため、少なくとも「いわくつき」の存在となり、ある程度の疑問符をつけた状態で認識されることになります。

では②の場合はどうでしょう。おそらく「こんな野菜もあるんだね」レベルの疑問符がせいぜいで、多くはそのままピッコラの存在を（正しいものとして）受け入れるはずです。同様に、自動車メーカー・トヨタの新シリーズの名前はピッコラです、と言われたところで、車に興味がない人は「へえそうなんだ」で終わりでしょう。でもここで問題なのは、この「へえそうなんだ」は基本的に「肯定的」な意味を含んでいるということです。つまり、この人の脳内では「よく知らないけど、そういうものがあるんだね」という認識がされています。そのあと、本当にピッコラがあるのかどうかは調べないでしょう。興味がないのだから。

恐ろしいのは、興味がない人ほど間違った情報をそのまま「そういうものとして受け入れてしまう」ことです。そして、その情報を悪意なく拡散してしまう可能性もあります。なんか八百屋にピッコラっていう野菜があったよ。トヨタの新車、ピッコラって名前らしいよ。そうやって悪意なく拡散された情報が、これまた「とくに興味のない人」によって悪意なく拡散される……という悪循環。そしていまはインターネットへのアクセスも容易な社会であり、情報を「簡単に作る」ことも可能になっています。たとえばピッコラのことをあたかも実在しているかのように紹介する巧妙なサイトを誰かが作ったとして、それを①のタイプの人が検索して見つけた場合、料理に興味がある人でも騙されてしまうかもしれません。そうなると誰もがデマに踊らされたり加担していたりする可能性があり、もちろん僕自身もその中に含まれます。本屋としても、そしてひとりの人間としても。

これをまた本屋の話に戻して考えてみると、その恐ろしさは倍増どころではありません。本そのものが参照物としての目的＝意義を持った存在なわけですから、「ピッコラのことをあたかも実在しているかのように紹介するサイト」としての本が、至るところにあってもおかしくないということになります。

あえて具体例を出しますが、いまこれを読んでいるあなたは「従軍慰安婦」や「南京大虐殺」というキーワードを目にしたことがあるでしょうか？　これらは実際にあった歴史的事実に関するキーワードであり、事象です。が、これらを「なかった（こと）」とする言説が社会には流布しています。とくに興味のなかった（つまり「知らなかった」あるいは「詳しくはよく知らない」）人のために、あえてここでは深くは言及しませんし、説明もしません。自分の意思で調べて、知ってほしいからです。あなたがどういう本やウェブサイトにたどり着くのか、そしてそこにある主張をどう受け取るのか。あるいは、すでにどういう解釈を（とくに興味のないまま＝よく調べもしないまま）してしまっていたのか。それが答えであり、僕がここで何度も言及している怖さの正体です。もしあなたが本屋だったら、それは罪でもあります。あなたはすでに多くの「ピッコラ」を売ってしまっているのですから。

正しいPDCAを回すために

社会は個人の集まりでできています。となると個人個人の考え方や価値観、常識といったものが相互に影響をしあって形成されているのが社会であり、文化とも言えるでしょう。私たち日本人が白米と味噌汁をセットのものと考えがちなのはそういう文化だからで、そういう文化があるから和食を提供するお店に行けばほぼ１００％の確率で白米と味噌汁がメニューに存在していわけです。そしてその光景を日常的に目にしているため、その文化はよりいっそう「当たり前のもの」として私たちひとりひとりの中に定着していく。この循環によって、価値観や常識、文化、そして社会はよりいっそう強固なものになっていくわけです。

個人が「乗るべき巨人」を間違えた場合、あるいは社会によって提供／提案される「乗るべき巨人」が間違っている場合、その個人ならびに社会の行く末はどのようなものになるでしょうか。不正確なデータをもとに回されるＰＤＣＡが、個人ならびに社会によって常に実践されているとするならば、私たちの生きる社会は当然おかしなことになっていくし、その社会の中で生きる以上、私たちの生活もまたおかしなことになっていくはずです。そして「おかしな社会」をもとにしたＰＤＣＡがまた回されて……。この循環を、少しでも「正しい」ものにしていけるように、本屋ができること／すべきことはなにか。その第一歩は、本屋はメディアの一員であり、かつ、クリエイターでもあるという自覚を持つことです。

自分の選んだ／選ばなかった本は、かならずどこかの誰かになにかしらの影響を与えているということ。その「影響を受けた誰か」は同様に、ほかの誰かに影響を与えていくということ。その連鎖によって社会が変化・生成されていくということ。そしてその社会の影響を私たちは受けるということ。こういったことを自覚することで、私たちは乗るべき「巨人」を正しく選ぶことができるようになっていくはずですし、そのための「共有知」もまた蓄積されていくはずです。個人個人の意識と行動の積み重ねが、他者および社会によい影響を与えられるように。

つまり、本屋の選ぶ本が社会をつくっているのです。本が、それを読んだ個人の人生を変えてしまう力を持つことを、私たち本屋は誰よりも知っているのだから、その個人の集合体である社会に本（屋）が及ぼす影響というものも、想像ができるのではないでしょうか。

生存はすべてに先立つものである

といったところでかならず出てくる反論（疑義）が、「正しさというのはひとつじゃないんだから、お前のそれを他人に押しつけるなよ」というものです。あるいは「お前のそれは検閲であり、最終的には焚書につながるものなのではないのか」というもの。ようするに「表現の自由」に関する議論であり、多くの本屋が「私たちは本を（意識的に）選んでいます」ということを積極的には表明しない／しづらい原因のひとつが、この手の反論のように思えます（具体的には先述した、読者の選択の自由を奪うな、などの声）。

もちろんこれは「正しい」意見です。が、例外があります。それが何度も言及している「差別やヘイトを助長したり、歴史修正に加担したりする言説」だということは、もう言わずもがなだとは思いますが、大切なことなので何度でも言及しましょう。これをもう少し概念的に＝

抽象的にしてみると、ようは「人権を尊重する」ということと「自身の過ちに向きあう」ということになるかと思います。もちろんこれも、あくまでも解＝捉え方のひとつでしかありませんが、僕の中ではこれが最もしっくりくるものなので、この二つを採用して話を進めていきます。

まずは「人権を尊重する」ということについて。そもそもなぜ人権を尊重する＝大切にすることがよしとされる、あるいは要求されるのでしょうか。当然のことすぎて深く考えることもなかったかもしれませんが、そしてその答えもまた当然のことすぎるものでもあるのですが、その理由は「人が幸せに生きるための基礎」だからです。人間として持っていることが自明の権利、追求することも行使することも当然とされるべき権利。たとえば日本国憲法であれば、「すべて国民は、健康で文化的な最低限度の生活を営む権利を有する。」（第25条第1項）と言及されるものです。もちろんこれは一例であり、日本国憲法にはほかにも「人権」について言及する箇所が多くありますが、個人的にはこの生存権（25条）が人権というものの本質をいちばん表しているような気がするので、これを引用しています。

差別やヘイトというのは、この人権＝生存権を脅かしてくるものです。差別で言えば、人種、国籍、性別などなどを理由に行動が制限される、行使可能だったはずの権利が剝奪される、これらはすべてその人の「生存（生活）」にかかわってくる問題です。ヘイトはもっと直接的に

「生存（生命）」を脅かしてくるものであることは想像に難くないでしょう。「〇〇は出ていけ」「〇〇は死ね」というダイレクトな表現はもちろん、「〇〇はみな犯罪者だ」「〇〇が井戸に毒を入れた」などの言説もまた、その対象となった属性を持つ人々の生存を脅かすものになります（「井戸に毒を入れた」が唐突なものに思えた人はGoogle検索をかけてみましょう。もちろん「乗るべき巨人」の判断は間違えないように心掛けながら）。

人が「幸せに生きたい」と願うことと、そのためにさまざまな権利を行使することは、保障されるべきものです。となるとそのための「環境＝社会」を構築することが必要になり、その最たる責任者として国家や政府というものが存在しているわけですが、社会が個人の集合体である以上、個人もまたその構築に一役買うことができる／義務がある、というのが僕の考え方です（政治に関心を持とう、というのもその一例としての意見・態度表明であり、行動・実践です）。

次に「自身の過ちに向きあう」ということについても考えてみましょう。人は誰しも間違えるし、正しくないことをしてしまうものです。でも、だからといって開き直って「なにをやってもいい」わけではないということは理解できると思いますが、つまり言い換えれば「私たちは常に間違いを正す必要がある」ということであり、同時に「間違いを認め改善していける可能性がある」とも言えるわけです。私たちは常に間違える存在であるが、同時に無限の「伸びしろ」がある存在とも言えます。よりよい人生を送りたい、より幸せになりたい、というような欲求とも接続するでしょう。どうすれば間違えずに済むのか、どうすればより正しくあれるのか。その追求はそのまま「幸せな人生」につながっていくのではないでしょうか。

ですが、私たちはどうしても「自分の過ちを認めたくない」という欲求に負けてしまう生きものでもあります。その弱さはいろいろな場面でみられるものですが、差別やヘイトの文脈において結びついてしまった場合、その悪質さはより大きなものになるのではないでしょうか。従軍慰安婦、南京大虐殺、井戸に毒……こういったキーワードおよび事象は、差別やヘイトの文脈を持つと同時に、歴史修正＝自身の過ちと向きあわないことへの文脈も併せ持っています。過去の私たちが犯してしまった罪は確実に、その被害者たちの人権＝生存権を脅かしました。それを「なかったこと」にして、あろうことかさらなる加害をくりかえす。

差別やヘイト、そして歴史修正（的思考）が批判されるべきものであること、つまり「表現の自由」の範疇の外にあるということ。これは論理で証明できることです。もうひと押しするならば、「表現の自由を行使するためには生きている必要がある」ということでしょうか。生きていなければなにも言えないし、行動もできない。死人に口なし。生存権は表現の自由に先立つ。人権の基礎は生存権にある。人を死に追いやる言動＝差別・ヘイト（を根本にした歴史修正）を認めてはならない理由は、ここにあります。

本屋にも人権がある

もちろん差別やヘイト、歴史修正を好んでおこなっている人からすれば、それが「よりよい社会のため」なのでしょうし、自らが幸せになるために必要なことなのでしょう。なので、こちらができることは、より大きな／確固たる声でその言説や価値観にNOを突きつけるということしかないのかもしれません。そしてその権利も、当然のように保障されています。私たちには全員に人権＝生存権があるのだから。

そしてあらためて確認しておきたいのは、本屋は本屋である前にひとりの人間であるということです。つまり本屋ひとりひとりに人権があり、生存権があるということ。そして表現の自由もまた同様に、当然の権利として持っているということです。となると本屋が「置きたくない本は置かない」という権利を行使することは、なんら批判されるべきことではないのです。あるいは「こういう社会になってほしい」という思いを込めた選書をして、そのフィルターを通して選ばれた本を置くということもまた、保障されている権利です。

たとえば女性の本屋が「女性を性的に搾取する／加害性を伴った内容の本」を置きたくないから置かないということや、在日コリアンの本屋が「歴史修正的な本」を置きたくないから置かないということは、自明＝自然なこととして受けとめられるべきです。逆に女性差別や歴史修正主義を批判する内容の本を積極的に置くこともまた、当然の権利です。なぜならそれは、かれらにとっての「よりよい社会」であり「より幸せになるために必要なもの」であり、つまるところ人権＝生存権の行使だからです。これは検閲でもなければ焚書でもなく、人権＝生存権の行使なのです。誰に批判される謂《いわ》れがあるのでしょうか。少なくとも、差別やヘイト、歴史修正主義によって他者を貶めている人からそれを指摘される謂れはない。自信を持って言い返しましょう。「どの口が言ってんだ」と。そして「私は生きたいし、生きてるんだよ」とも。

3

ひとりの人間としての本屋

前章での結論部分で言及したのは「本屋もひとりの人間であり、ひとりの人間である以上、保障されるべき人権がある」ということでした。つまり私たちは自分で思っているよりはるかに多くの自由を持っているということです。とはいえ、自由を持つことやその行使にはどうしても恐怖（不安）もある。恐怖（不安）の理由を解きほぐしながら、本屋がひとりの人間として行使してよい、いろいろな権利＝行動＝実践をみていきましょう。

恐怖の根元にあるのは「未知」

前章で、本屋もひとりの人間であるということを述べました。つまり私たちには人権があるということで、その人権の中には各種の「自由」があるということです。しかし、自由には責任が伴います。ゆえに私たちはある種の恐怖（＝責任の重さ）を感じ、そこから逃げようとする（たとえば本の取捨選択を積極的にはしない本屋になる）とも言えるでしょう。ですが、そうやって逃げていてはいけないこともまた事実ですので、いかにその恐怖と向きあっていくかを考えなくてはいけません。とはいえ怖いものは怖いし、難しいものは難しい。なにをどうすれば、どこから手をつければいいか、わからないというのもよくわかります（なぜなら、かつての自分がそうだったから）。ということで本章では、この「怖さ」を解きほぐしていくことを目標としたいと思います。

私たちが「恐怖」を感じるとき、その多くは「よく知らない」という状態から生じています。箱の中に手を入れて、その中に入っているものを当てるゲームがその典型でしょう。たとえばなんの変哲もないオクラが入っているだけだったとしても、ちょっと触れただけでビビる自信が僕にはあります。ちょっと固くてフサフサもある、あるいはすでに包丁を入れられてネバネバしているオクラ……。わかっていれば怖くないけど、わからなければかなり怖い。あるいは

「ピッコラ」が入っているとしたら……。ピッコラがなんなのかわからない以上、私たちの想像力はその翼を存分にはためかせ、勝手に「恐ろしいもの」を想像／創造してしまうことでしょう。

ではこれから、箱の中に入っているのが「自由」であるということを確認し、それらがどのような触感を持ち、どのような性質のものなのかを知っていきましょう。僕自身、この章を書きながら発見していくことがあるような気がしていて、とてもワクワクしています。「知らないもの（を知ること）」は本当は楽しいことなのです。

そのためにまずは、私たち本屋に与えられている「自由」について整理していきましょう。どのような自由があり、それらをどのように行使していくことができるのか、そしてそのことで生じる結果はどのようなものが考えられるのか。

置きたい本を置く自由

まずは本屋として最も理解しやすく、かつ最も自明の権利であるはずのものから考えていきましょう。もちろんそれは「置きたい本を置く自由」です。当たり前のものほど意識することがなくなってしまい、ゆえにいつのまにか失って／奪われてしまっている、ということはあらゆる事柄において起きることですが、本屋にとっての「置きたい本を置く自由」もまた、そのひとつかもしれません。これを読んでいる本屋のみなさん、大丈夫ですか？　もちろんある程度の、そしてなんらかの制約は存在しています。でも基本的なところではこの自由が確保されている……という環境に、いまあなたはいるでしょうか？　あるいは、そのことに気がついているでしょうか？

実際のところ、社員なのかアルバイトなのか、仕入れの主導権が店舗にあるのか本部にあるのか、などといった状況／環境によって自由度には大きな差があります。また、後述する出版業界そのものの格差構造によって制限されている自由もあるため、正直なところ「置きたい本を置く自由」を実感することは、チェーン店でも独立店でも、あるいは、ひとりでやっている小さな本屋でも、なかなか難しいことかもしれません。

ですが、本質的なところにおいては、私たちにはみな同じだけその自由があるはずですし、その感覚だけは絶対に手放してはいけないと思います。私たちには自由がある、でもそれを行使できない環境にいるだけであって、決して自由（＝権利）そのものがないわけではない。このことを、まずははっきりと明言しておきましょう。大事なことだからです。

さて、みなさんが自由を取り戻したところで（まだ取り戻せていない人はもう少し脳内で粘ってみてください）、日々の業務を思い浮かべてみましょう。担当する棚を持っている人は日々の選書・

発注・品出し業務を思い出しながら、持っていない人も自分が担当を任されたと想像しながら、私たちがふだん行使している（あるいは行使できるはずの）自由を探していきましょう。

本を発注するとき、どのようなことを考えているのか

あなたはいま来月刊行の新刊チェックをしています。その中に、自分もひとりの読者として楽しみにしている作家の新刊がありました。あなたは仕事モードを一瞬解き、いちファンとして歓喜してしまいます。うひゃー!! ……おっと危ない、いまは仕事中だった。ということですばやく真顔に戻り、自店の売上実績やらなんやらを参考にして発注数を決めます（ここでは、わかりやすくするために「事前発注はかならず指定数入荷する」環境を設定しています）。本当は30冊くらい入れて大きく展開したいけど、うちの客層だとまずは5冊からかな……いや、でもやっぱり10冊入れておこう。だってこの作家の本は推したいもんね。こういう状況、よく理解できると思います。

もちろん、それ以外の本のチェックも忘れてはなりません。ふむふむ、自分はよく知らないジャンルだけどこの著者は有名だな、このテーマはいまの社会状況的に必須だな、この本はもうロングセラーになってる定番本があるからいらないな……などなど、個人的な感情だけでは

ないフィルターを駆使して、あなたは新刊の発注数を決めていきます。売上を伸ばすための、そして可能な限り売れ残り＝返品が出ないような発注数を、私情やデータと格闘しながら決めていきます（ここでもダメ押し的に再度言及しておきますが、私情を挟む自由＝権利が私たちにはあるのです）。

そして月日が流れ1か月後、発注した本たちが入荷してきました。新刊コーナーを筆頭に、ジャンルごとの棚にもこれらを配置する時間です。有名どころの著者だから面陳《めんちん》（表紙を見せて陳列すること）でちゃんと見せよう、いま流行ってる話題だから人通りの多いところに、二番煎じ感あるから本家とは離しておこうかな……いやあえて隣に置いちゃう？　などなど、あなたは悩みながら本を配置していきます。どこに何冊どういうふうに置くか、簡潔に言うとこれを決める自由があなたにはあるということです。「売上」という最優先目標＝条件があるので、あまり自由というものは感じないかもしれませんが、その売上を「どうやって得ていくか」というルート選択の自由をあなたは持っている、と言えるかもしれません。

さて、あなたの推し作家の新刊も忘れてはいけませんね。結局あなたは10冊発注しました。絶対にこの本を売るぞ、だからどうやったらみなにこの作家の面白さを知ってもらえるか考えたし、もちろんそのせいでほかの売場が疎《おろそ》かになってもいけないから、ちゃんと手を入れてきたぞ……。よし、ＰＯＰを書いて、２面で面陳にして、あとこの作家の既刊もまわりに並べて簡単なフェアにしてしまおう……。きっと楽しい時間だったはずです。そして同時に、「結局売れなかったらどうしよう」という不安も生じたのではないでしょうか。

　このとき感じた楽しさの正体が「自由＝権利」であり、不安の正体が「責任」なわけですが、どっちのほうが大きかったですか？　あるいは、またやりたいと思えましたか？　結果＝売上がどうであれ、きっとあなたは「またやりたい」と思ったはずです。たくさん売れたらうれしいから、売れなかったら悔しいから、どちらにせよあなたはチャレンジ／リベンジしようと思うはずです。だからいまも本屋をやっているんでしょう？（もちろんここでも状況／環境の影響は大きいため、たとえば売上が立たないことを過度に怒られるような職場状況の場合、自由〔＝楽しさ〕よりも責任〔＝恐怖〕のほうが上回ってしまうのが当然です）

自分が否定されたわけではない（とはいえ……）


　ではここで、あなたが感じた「推したい／売りたい」という思いの本質を解きほぐしてみましょう。そうすることで、置きたい本を置くことに伴う自由（＝楽しさ）と責任（＝不安）もより深く、よりはっきりと見えてくるはずだからです。

　たとえばあなたがある小説家を推しているとして、その理由はいったいどんなものでしょうか。もちろん作品が面白いからなのですが、ではその面白さの理由はなんなのでしょうか。たとえば、あなたの価値観と合致しているから。たとえば、あなたが理想とするような人が描かれているから。たとえば、あなたが生きてみたいと思える世界を舞台としているから。おそらくそこには、かならず自分自身がいるはずです。つまり「私」がそこには存在していて、「私」にとっての理想や夢や幸福が、その作品に対する面白さの判断基準のひとつとして反映されているわけです。こういうことがしたい、こういう人でありたい、こういう世界にしたい。これらのような「私」の意思が、その本や作家を推す理由の根本には当然のように存在しています。

ゆえに、私たちは楽しさと不安を同時に覚えるのかもしれません。自分が理想とするものが受け入れられるのか、あるいは否定されてしまうのか。売上はそれを如実に可視化するものですから、気合いを入れた売場展開をしたときに期待と不安でどうにかなってしまうのは当然のことなのでしょう。売れた＝自分が受け入れられたこと、売れなかった＝自分が否定されたこと。これと同義であることを、私たちは頭ではなく身体で知っているのかもしれません。もちろん、本当は「売れなかった＝自分の価値観が間違っていたことの証明」ではないのですが、そう感じてしまってもおかしくないほどの一世一代の大勝負をかけている、と言っても過言ではないときがあることは、本が好きで、本屋である自分に誇りを持っているあなたなら、よくわかるはず。気合い十分で仕掛けたフェアがまったく動かなかったとき、マジでやばいですよ

IWAKAN
台湾の少年

ね。……ちょっとこの話はやめときましょうか、つらいからね……古傷（多数）が……。

そして、この不安の本質にはもうひとつの側面があります。前述したように、「売りたい」の構成要素には「自分が正しいと思っているこの価値観を広めたい」という思いも含まれていて、これが私たちが感じる不安の正体でもあったりします。つまり、自分にとっての正しさは、他者や社会にとっては正しいとは思えないものかもしれない、という不安です。あるいは、実際に「間違っていることを広めてしまった＝本を売ってしまった」という事実または可能性に対する責任とも言えるでしょう。なので、もしあなたがいっさいの不安なく選書や発注、品出しや推し本のフェアをしているとしたら、むしろそれは危険なことだと思ったほうがいいでしょう。逆に言えば、なんらかの不安を覚えつつこれらの業務をおこなっているとしたら、あなたはあなたの持つべき責任をすでに果たしている／果たそうとしているということです。つまり、あなたの感じている不安や自信のなさは、まっとうなものなのです。

置きたくない本を置かない自由

次に「置きたくない本を置かない自由」について考えてみましょう。こちらはよりいっそうイメージしにくいものかもしれません。とくに「配本制度」の中にある（主に）チェーン書店で働いている人には、まったく想像できない権利かもしれません。でも、本当はあるんです。行使できない環境にあるだけで、実際にはみながこの自由を持っているし、その権利を行使することに対して後ろめたさを感じる必要もないのです。

前章でも言及したように、「刊行された本はなんでも置く本屋こそ、読者の選択の自由を尊重している善き本屋だ」という一見もっともらしい主張には、耳を傾ける必要はありません。ようは、配本された本はすべて店頭に並べて、とくに冊数が多く入ってきた本は面陳するなどして目立つように置く、そういったことは、まったくもって「義務」ではないわけです。でもなぜか、そういうものだと思ってしまいがちですよね。その理由は「そういうものだと思っているから（みんなそうしているから）」くらいのぼんやりしたものだったりしませんか？　では、あえて極端な例を出してみることで、「置かなくていい理由」を心で、もしくは身体で理解していきましょう。いったん、脳＝理性のスイッチはオフにしておきましょうか。

いま、あなたの目の前には『誰も書かない本屋の真実——本屋は悪の巣窟である』という本があります。今日の新刊として配本されてきました。なんと10冊も。さらっと中身を確認してみると、万引きの大半は本屋の自作自演であるとか、転売屋はみんな本屋のバイトであるとか、日本の景気がよくならないのは本屋が陰で糸を引いてるからだとか、異常気象を筆頭にした地球環境の急激な悪化の原因は本屋だとか、そういうことが延々と書いてあります。ありえないだろそんなこと、というものから、たしかに一部はそうかもな……でもほぼデマっていうか、それは一部の悪い奴がそうなのであって「本屋であること」とは関係ないだろ、みたいなことまで、いろいろと本屋のことを悪し様に書き連ねています。

脳=理性で考えなくていいですからね。これ、置きたいですか?（読者だったら、読みたいですか?）置きたくないですよね。少なくとも心と身体は拒否反応を起こしている=怒りを覚えているはずです。でも、脳=理性がどこかで「でもこれも表現の自由だから置くべきなんだ」というようなことを言っているかもしれません。あなたがいままで必死に本屋として働いてきたなら、なおさらそう思うかもしれませんね。でもそれ、つらくないですか? 出勤するたび、品出しするたび、お客さんに売場を案内するたび、この本が目に入ります。もしかしたらレジ打ちをすることになるかもしれません。「お買い上げいただきありがとうございます」と、心からの（つまり身体が自然とそうしている）笑顔で言えますか?

どうやったってそこには「理想」が存在する

それでもやはり「置かなくてもいい」とは思えないかもしれません。では「置かなくていい」理由を、次は脳=理性で考えていきましょう。まず、なぜあなたは「置きたくない」と感じたのでしょうか。たとえば、まったくもって事実ではないことが書かれているから。たとえば、少なくとも自分自身はこんな（本に書かれているような）本屋ではないから。たとえば、本屋という仕事に誇りを持っているから。たとえば、本屋という場所や仕事を多くの人に好きになってもらいたいから。たとえば、あなたは本屋が好きだから。とにかくなんでもいいのですが、本を「置きたいと思った」理由のときと同様に、そこにはあなたの理想や願いが存在しているはずです。こういうことがしたい、こういう人でありたい、こういう世界にしたい。そのような思いとは真逆の、むしろそれらを踏みにじるような本だから、あなたは「置きたくない」と思ったわけです。

いやでもこれは自分が本屋だからそう思ったわけで、つまり公平公正な視点からの判断じゃない＝私情が大いに影響しているから、理性的でもないし客観的でもないよね、本屋は中立じゃないと……。と、真面目なあなたはまだ考えてしまうかもしれません。では、この本のタイトルの「本屋」をほかの小売店に入れ替えてみましょうか。駄菓子屋とか、ドラッグストアとかコンビニとか、なんでもいいです。それでもきっとあなたは「さすがにまずいんじゃないの、これ……」と思うのではないでしょうか？　もしなんとも思わないのだとしたら、あなたは歴とした「ヘイター気質」の持ち主ですので、いますぐに心と頭を教育しなおしましょう。もし心がつらくて仕方がない（から誰かを貶めないとやっていられない）という状態であるのなら、カウンセリングに通うなど「他者の助け」を得ることを強く推奨します。それは決して甘えではなく、当然、悪いことでもない。そして、まだ間に合うものです（時として身体状況の悪化＝病気・怪我などからくる心的状況の悪化もありますので、いずれにせよさまざまな方法でケアを受ける必要があると思います）。

少々話がズレましたが、実はある部分ではつながっている話なのでそのまま続けます。次に「本屋」を「○○人」に入れ替えてみましょう。どこの国でもかまいません。中国とか韓国とか、お隣の国だしとりあえず入れてみましょうか。はい、いまも本屋店頭でよく見かけるヘイト本の完成です。もしあなたが、もとの本に対して「置きたくない」という感情を抱いたのであれば、タイトルの一部を入れ替えたこちらの本に対しても「置きたくない」ないしは「置かないほうがいいのではないか」という疑念を抱いていいはずです。いまは脳＝理性＝理論で考えましょうか。わかりますよね、言っていること。

あなたがこの本（本屋のところがほかの小売や○○人になっているもの）に対して、置きたくない／置かないほうがいいと思った理由もまた、少し解きほぐしてみましょう。たとえば、まったくもって事実ではないことが書かれているから。たとえば、こんな（本に書かれているような）お店／人ではない存在を知っているから。たとえば、その仕事に誇りを持っている友人がいるから。たとえば、その国や仕事を多くの人に好きになってもらいたいから。たとえば、あなたはその人が好きだから。やはりそこにはあなたの願いがあり、それは「こういう世界であってほしい」という理想でもあるわけです。

そしてそれを表明し、実践する自由が本屋であるあなたにも当然あるのです。これもまた前章で言及したことですが、著者や出版社に表現の自由があるのと同様に、本屋にも表現の自由がある。本屋もまたひとりのクリエイターとして、本屋の売場を、ひいては世界を創出する自由があるわけです。そしてひとりのクリエイターである前に、ひとりの人間であるわけです。ゆえにあなたには、嫌なものに嫌だと言う自由がある。

嫌なことは嫌だと言ってよい

ようは、置きたいと思った本に対しても、置きたくないと思った本に対しても、どちらにせよあなた＝本屋の意思は関与しているわけです。そして、そのどちらでもない本に対しても、棚への並べ方や見せ方によってなんらかの意図を付与してしまっている＝お客さんはそれを勝手に感じ取っているわけです（前章のペッパーくんのたとえを参照）。となると、本屋はその自覚があるかないかにかかわらず、すでに自由を行使しているし、その責任をも背負わされているということになります。

たとえばヘイト本を置くのか置かないのか論争なんてその典型で、「この本を置くなんて！（ヘイト本屋だ！）」という批判と「この本を置かないなんて！（本屋の検閲だ！）」という批判の両方が同じ本屋に向けられることもしばしばありますから。そういう意味では本当に苦しいですよね。だって勝手に配本されてくるんだから。こっちだって置きたくて置いてるわけじゃないんだよ。って言いたくなりますよね。

……あれ？　じゃあ置かなきゃいいのか！　と、ここまで読んだあなたは思っているのではないでしょうか。そうであってほしいです。どちらにせよ怒られるのなら、自分が望む世界に「置いてあってほしい本」を置きませんか？　まずあなたが生きていたい世界を想像して、次にそこでたくさんの人に読まれているであろう本を想像してみましょう。それが答えです。

そもそも私たちには「嫌なものは嫌だと言う自由」があるのです。だけどどうしても「お客様は神様である」的精神が拭《ぬぐ》いきれず、下手《したて》に出てしまうのが習い性になってしまっている人は多いのではないでしょうか。

『常識のない喫茶店』（僕のマリ著、柏書房）という本は、その拭いきれなさをスパコーン！　とふっ飛ばしてくれる一冊ですので、本屋に限らず接客業に携わる人は、いや、もはや全人類が読んでもいいのではないでしょうか。著者が働いている喫茶店では、「働いている人が嫌な気持ちになる人はお客様ではない」（10頁）というポリシーを採用し、従業員の全員にお客さんを出禁（出入禁止）にする権限が与えられています。マスターの許可を得る必要はなし。各々自由に、自分がベストだと思うタイミングで、不躾なことをしてくるお客さんにレッドカードを出してよいのです。

でも、だからといってこのお店が態度の悪い接客をしているわけではありません。ようは、よいお客さんにはよい接客をして、悪いお客さんには悪い接客をしているのであって、そこには「お店とお客さんは対等な関係である（べき）」というぶれない軸があるだけなのです。このあたりは本を読んでもらえばよくわかることですので、未読の方はぜひ。

居心地のよさを追求するだけでよい（という提案）

なにが言いたいかというと、自分にとって居心地がいい接客をしてくれるお店に行く自由がお客さんにはあるわけですから、その自由を積極的に行使していただいて、つまり居心地の悪い接客をしてくるお店には行かないようにすればいいだけなのです。ゆえに、お店側は胸を張って「うちのやり方に文句をつけるより、ほかのお店に行ったほうがいいですよ。そのほうがあなたも私も幸せになれますから」と言っていいわけです。

それが簡単にできることではないこともわかってはいますが、心のHP《ヒットポイント》を削られながら仕事を続けていても、明るい未来は見えないのではないでしょうか。ひとりでも多くのお客さんをつかまえておきたい、という経営上の意図も理解はできますが、Amazonを筆頭にしたネット書店がこれだけ整備されてしまった以上、そのような「できる限り手広く」的なあり方にはすぐに限界がきてしまうのではないか、とも思います。

であるならば、できる限り「自分の居心地がいいお店」を従業員自身が追求し、その居心地のよさに共鳴してくれるお客さんを大事にする、という方向性でお店を運営したほうが、長い目で見れば「生き残る可能性が高い」のではないでしょうか。そして、居心地のよいお店には、その居心地のよさと共鳴する本が置いてあるはずです。その本はきっと従業員にとっての「生きていたい世界」を反映したものになっているし、その本を買っていったお客さんも、その理想に共鳴してくれたから（また）お店に来てくれているのではないでしょうか。となると、私たち本屋もお客さんも、その本に内包されている理想を実現しようという（時に無自覚な）意思の上で日々の生活を送っているはずです。

そうやって私たちは、知らず知らずのうちに理想の世界＝ユートピアをつくる過程の中にいるのです（つまり知らず知らずのうちにディストピアをつくってしまっている可能性もあるということなので、ひとりひとりが「自分の生きていたい世界はどんなところか」を意識して日々を過ごさないといけないのです）。

失敗してもよい（という提案）

　とはいえやはり、こういった判断＝自由の行使を私たちが実践するにはある程度の覚悟が必要になるため、一歩を踏み出すのは難しいかもしれません。自由の行使とそれに伴う相応の責任、どちらかといえば後者のほうが気になってしまうのが人間というものだと思います。おそらくそこには「失敗への恐怖」もあるのでしょう。自分の判断が間違っていた場合、他者に迷惑をかけてしまう（もちろん自分も怒られてしまう）。真面目にものごとを考える「いい人」ほどその可能性を真剣に考慮してしまって、つまり他者に迷惑をかけてしまうことを避けるために、慎重になってしまうこともあるでしょう。

　ですが、長い目で（そして広い視野で）見れば、その慎重さはかえって「自己保身」となってしまうこともありますし、ヘイト本などへの対応に関しては、ヘイト本を置かないという判断をしなかったことそのものが、マイノリティへの加害行為となってしまいます。もちろん社会全体への悪影響もありますし、自分自身が生きる社会をまっとうなものにしておくためにも、踏み出さなくてはいけない一歩です。

　となると、まずは「失敗への恐怖」を克服する必要があります。ここでいう失敗とは、自分の自由意思による判断の結果が自分および他者になんらかの悪影響を及ぼしてしまうこと、となるでしょうか（その結果として自分が怒られる、悪者にされる、ということへの恐怖心も含みます）。たとえば「ヘイト本を置かないという判断をした結果、クレームが入り怖い思いをした／（同僚などに）させてしまった」などでしょうか。でも前述した通り、ヘイト本を置いていた場合は「そんな本は置くな」という批判をされるわけで、どちらにせよ怒られます（だからこそ「判断をしない＝配本されてきたのを並べているだけなので」という言い訳に逃げたくなるわけですが）。

なので、ここで私たち本屋が宣言すべきことは「私たちには失敗する権利がある」というものになります。そうです、私たちは失敗していいのです。というか、失敗することが許されない存在などありませんから、本屋に限らず主張していきましょう。野球の超一流バッターも7割は失敗＝凡打ですし、サッカーなんてミスが前提のスポーツです。学校の先生だって、なんなら政治家だって、みんな間違えることはあります。大切なのは失敗を受け入れ、どうすれば同じ失敗をくりかえさないかを考え、そこで得たものを次に生かそうという意思を持ち続けることです。

ようするにＰＤＣＡを回す、ということが私たちには必要なのであって、そのためにはまずなんらかの行動をしなくてはなりません。行動しなければ結果は生まれず、その先の検証もできないわけですから。前章でも言及したように、私たちは誰ひとりとして全知全能ではないし、胸を張って「自分は○○の専門家である」と言える人もほとんどいないわけです。そういったなかで失敗をせずに生きることなど不可能ですし、ならば常に失敗をして、それを糧にしていくしかないわけです。さらに言えば、その「専門家」だってそこに至るまでに数多くの失敗をしているし、現在進行形で失敗をしながら日々その専門性＝プロフェッショナル度を高めているとも言えます。

なんなら、人よりも多く失敗をした人間が専門家＝プロになっていくと言ってもいいかもしれません。実践↓失敗↓検証↓再実践のくりかえしの数が多ければ多いほどその精度は高まっていく。つまり「できるようになる」には「失敗の積み重ね」が必須なのであり、失敗に慣れることが成功を呼び込む、ということでもあります。日本とアメリカのプロリーグで４０００本以上のヒットを打ったイチローは、それ以上の凡打を記録しています。彼が４０００本以上ものヒットを打てたのは、その何倍もの数のスイングがあったからにほかなりません。

他者の力を借りてよい（という提案）

そしてもうひとつ大事なのは、やはり前章でも言及した「共有知」という概念です。まず、あなたひとりで判断しなくちゃいけないわけではない、ということ（①）。次に、あなたの判断の結果が失敗だったとしてもそれは失敗のまま終わるわけではないということ（②）。そして、あなたは他者の実践とその結果をもとに自分の判断をしていい、ということ（③）。このことは頭の中に入れておきましょう。

三つ書きましたが、実際にはこれらはひとつのことを言っています。あるいは、すべてつながっている、ということでしょうか。ようするに、私たちはみな他者の助けを借りて生きているということです。

仮に私が本屋ではなく英文学専攻の道を進み、教授になっているとしましょう。学会発表のための論文を一本書こうとしていますが、そのためにはテーマに関係する先行研究となる文献に触れる必要があります（①）。このテーマにはこれまでにこのような研究がされていて……云々というのを可能な限り参照して、その中から自分なりの論点を見つけたり整理したりしていきます。そして、その先行研究から引用したりして、自分の論文を書き上げていきます（①-2）。そうやって完成した論文をもとに学会発表に臨むわけですが、発表後にはほかの教授や学生から質問、あるいは指摘を受けます（②）。ここはどういう意味なのか詳しく説明してください。この論理は説明不十分ではないか。その先行研究から引っ張ってきた根拠はすでに反証されているものだ。などなど、私の論文の不備や改善の余地があるところをバンバン指摘されます。これはけっこうつらいんですが（修士のときに体験済み）、このフェイズがないと私は次のステップに進めません。他者目線からの（客観的な）指摘を受けて、自分の論文の精度を高めていくわけです。そして自分の発表以外の時間は、逆にほかの発表者の論文に指摘を入れていく役割を担います。このとき、私は他者の論文・発表そのものや、その中にある不備や改善の余地のある点（を指摘すること）から、自分の研究に生かせるものを見つけたりすることがあるのです（③）。もちろんこれは、私の論文・発表に指摘を入れた人たちも同様です。

というようなことを、本屋の世界でもやればいいわけです。というより、もうすでに私たちはこれを実践しているはずです。信頼している書店員の推し本を仕入れるのは①でしょうか。店頭にない本をお客さんから取り寄せの依頼を受けるのは②と考えられるかもしれませんね（「いまこの本売れてるよ！　なんで置いてないの？」というお客さんからの指摘として捉えられるときがあるのは実感できるかと思います）。③はちょっと心が苦しくなる例かもしれませんが、具体的な一冊の本に対する「こんなヘイト本置くな！」という批判がSNS上で拡がっているのを見て、慌ててその本を返品した、なんて経験がある人もいるのではないでしょうか。たとえば私も、フェミニズムの名のもとでトランスジェンダー排除を主張する本を置いてしまっていることにSNS上での情報から気がついて、慌てて回収したことがあります（lighthouse は返品不可の買切本がほとんどなので返品はできないのですが）。

私たちは他者に頼らなくては生きていけません。真の自立とは「安心して依存できる場所や人を（なるべく多く）確保すること」である、というようなことはよく言われますが、まさにその通りだと思います。私たちには「他者に頼る権利」がある。これは常に、そして意識的に自分に対してかけていきたい言葉です。どうしても私たちは、とくに真面目であればあるほど、ひとりでがんばろうとしてしまう生きものなので。

とはいえやはり、頼るという行為にはハードルの高さを感じてしまうかもしれません。その理由はおそらく、自分だけが頼ってしまうことになる／なっているのではないか、という不安や申し訳なさからくるものなのではないでしょうか。ですが、この「頼る」という関係性は常に一方的で固定的なものではなくて、常に双方向的で流動的なものです。お客さんから自分の担当じゃないジャンルの本の問い合わせを受けたとき、あなたはそのジャンルの担当者に助けを借りるはずです。そして逆に、自分の担当ジャンルの本に関する問い合わせを誰かが受けていたら、次はあなたが助ける番です。持ちつ持たれつ、お互いさま。そのような関係性は気づかないうちに築けていたりするものです。あとは、それを自覚するかどうか。「なんだ、もうやってるんじゃん」と、気が楽になってくれたらいいなと思います。

しかもこの相互依存的な関係性は、本屋の同僚どうしのみに限られる／許されるものでもありません。これも本屋なら日常的に経験していることだと思いますが、本屋である自分よりもお客さんのほうが詳しく知っている、という場合が多々あります。これもまた恥ずべきことではなく、むしろ歓迎すべき事象であり関係性だと思いましょう。ジャニーズが特集される雑誌の発売（重版）情報をファンの問い合わせから知ってさっそく手配をする。特定の著者やテーマに精通している（と思しき）お客さんからおすすめ本や定番本を教えてもらう。その結果、雑誌の買い逃し／売り逃しが防げたり店全体の品揃えがよくなったりするわけで、本屋もお客さんも（そして出版社や著者も）ハッピーになるわけです。

頼ったり頼られたりをさまざまな関係性の中でくりかえしていくことで、私たちのあいだの共有知は質を高め、その量も増えていきます。間違えて、頼って、正して、頼られて……。そのすべてを私たちは行使する権利があるのです。安心して間違えましょう。大切なのは「間違えたままにしない」ことです。

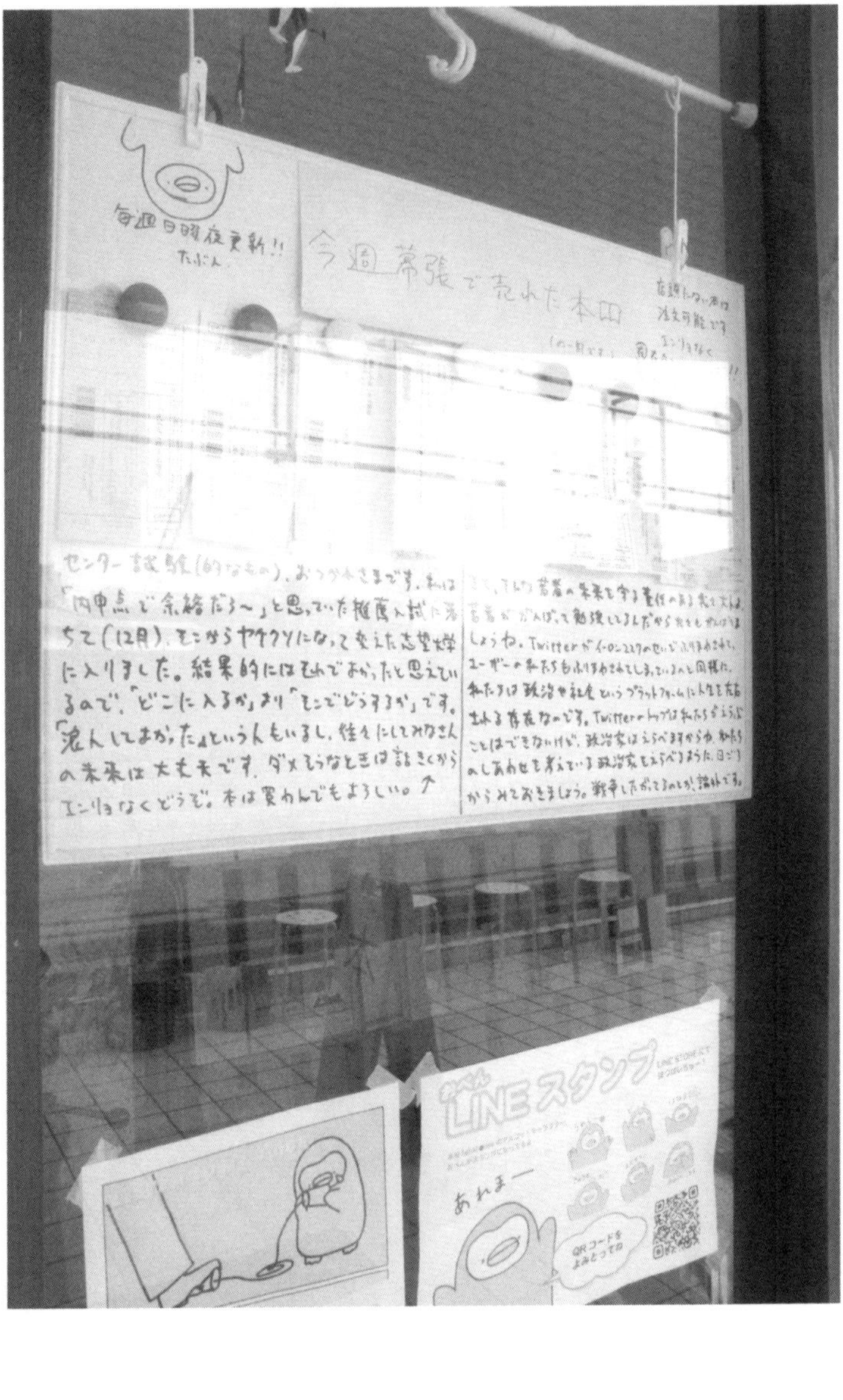

今週日曜夜更新!!
たぶん。
今週幕張で売れた本
センター試験(的なもの)、おつかれさまです。私は「内申点で余裕だろ〜」と思っていた推薦入試に落ちて(12月)、そこからヤケクソになって変えた志望大学に入りました。結果的にはそれでよかったと思えているので、「どこに入るか」より「そこでどうするか」です。「浪人してよかった」という人もいるし、往々にしてみなさんの未来は大丈夫です。ダメそうなときは話きくからエンリョなくどうぞ。本は買わんでもよろしい。
LINEスタンプ
あれまー
QRコードをよみとってね

4

本屋にとっての反ヘイト・反差別とは

ヘイトや差別に加担する本を置かない。これが本屋lighthouseのポリシーのひとつです。ではなぜそのポリシーを意識し、かつ外に向けて発信するのか。私たち本屋は常に誰かを傷つけ、あるいは殺してさえいるかもしれないということ。しかし同時に本屋は人を救ったり、生かしたりすることもできる存在です。では、いかにして救う・生かすことが可能なのか。「置かない」ことはその方法のひとつだと考えています。まずは自分を「気がつける人」にすることから、始めていきましょう。

嫉妬・恐怖・憎悪

なぜヘイトや差別に加担・助長する本（以降はヘイト本と記す）は置かないのか。この問いに対する回答はさまざまなものがありますが、その本質を記せばそれは「社会を壊すから」であり、そしてなによりも「人を殺すから」です。では、ヘイトや差別とはいったいなんなのでしょうか。その本質、根本にあるものはどういったものなのでしょうか。

その問いを考えるうえで有用と思われる原始的な体験を、僕は高校時代のサッカー部でしていました。第1章でも言及したように、所属していたサッカー部では理不尽な上下関係が確立していて、その関係の根本にあったのは他者に対する嫉妬と恐怖、そしてそこから生じる憎悪と疑心暗鬼でした。自分より技術のある下級生の存在は、上級生の中に否が応でも嫉妬と恐怖を生み出します。その嫉妬と恐怖を克服するための方法のひとつが「自分が上手くなる＝練習をする」なのですが、これは実際には難しいものでもあります。努力はつらいものだから。ゆえに、そのつらさから逃れようとした者は、もうひとつの方法、つまり「相手の邪魔をする」を選択してしまいます。その「相手の邪魔をする」が形になってあらわれたものが理不尽な上下関係であり、より具体的には「下級生には練習をさせない」というものでした。

このような環境が確立してしまった集団＝社会では、どのようなことが起きるのか。みなさ

ん も想像してみてください。もしあなたがこのような環境に身を置いたことがないのなら、なおさら有用なレッスンになるでしょう。反ヘイト・反差別の実践において重要なことのひとつは「他者の立場になって考えること」だからです。

さて、まず思いつくのは「チーム全体としての実力が伸びない（どころか弱くなる）」というものでしょうか。現時点で上手な下級生は邪魔をされるし、上級生も邪魔してばかりで練習はしていません。そして「邪魔をされる同級生」を見ているほかの下級生も、邪魔されるのを恐れて上手くなるのをやめるかもしれません（邪魔と書くとゆるいものに思えますが、実際にはもっと卑劣な手段・態度でもってなされるものだったりもします。攻撃や加害と書いたほうが実態には近いかもしれません）。あるいは、いままで邪魔をしてこなかった上級生も、必死に練習しているのが馬鹿らしく思えてきて、いつの間にか邪魔をする人間になってしまう、ということもあり得ます。それくらい練習＝努力はつらいものなので、そうなってしまうのも仕方のないことと言っていいかもしれません。

次に思いつくのはなんでしょうか。たとえばひとつは、明らかな形をもってあらわれる暴力行為です。これは憎悪が目に見えるものとなったものとも言えるかもしれません。嫉妬・恐怖→憎悪（暴力）という負の進化ですね。これは僕の所属していたサッカー部においては、〈集合〉と呼ばれる部内行事で具現化されていました。1年生が真っ暗な部室や倉庫に集められ、正座させられた状態で上級生に囲まれる。手に持った竹刀で器具や床を叩く音が響くなか、日々の「1年坊としてあるまじき行為」を大声で罵《ののし》られ、どつかれ、謝罪＝屈服の意を表明するまでそれは続けられました。ときにそれは1年生全体に対してのみならず、その中でもより「ふさわしくない行動」をしていた数人のみを残した集中的なものとなることもありました。この〈個人集合〉と呼ばれるものは、おそらく嫉妬や恐怖を超えた憎悪のレベルのものであったと思われます。「どれだけ邪魔をしてもそれに屈服せず、反抗を続けてくる存在」に対する憎悪です。1年生として求められる規範からの逸脱をくりかえす者に対しての、一段階レベルアップした邪魔＝暴力行為。

このような状況＝環境が目に見える形で生じてくると、次にやってくるのは密告行為です。上級生からの邪魔や加害行為を避けるために、同級生を売る1年生が出てきます。権力側と同質化・同一化することによって、自らが攻撃対象になることを避ける。そういう「逃げ」をせざるを得ない状況がやってきてしまうわけです（僕はこれを個人の弱さのみに原因を追及、回収してしまうことを望んではいません。誰もが落ちる可能性のある〈地獄〉だからです）。本来ならば団結して抵抗すべきだった下級生グループが、加害に対する恐怖から分断される。その結果、理不尽な上下関係に抵抗するという至極まっとうな行為が逆に密告対象となる行為になる、いわば逆転現象が起きます。そこにある「正しい振る舞い」は、上級生からの理不尽な要求に従うことだけになる、ということです。

こうなってくると、なかなか負の連鎖は止まりません。権力と一体化することで「処世」してきた1年生が2年生になったとき、かれらが考える「正しい振る舞い」「規範」はどうなるのか。もはや説明は不要でしょう。嫉妬、恐怖、憎悪、疑心暗鬼などなどを内面化した「立派な上級生」の誕生です。この〈地獄〉から逃れられる個人は、強い気持ちとそれを維持できるだけのなんらかの環境が整備されている人間のみで、ごく少数でしょう。つまり僕の先輩たちもまた、かつて1年生だったときに同様の理不尽を受けているし、そのまた先輩も……という循環が（すでに）完成してしまっていたわけで、先輩たちも被害者のひとりと考えられます。ゆえに、そもそもこの「環境」をつくってはならないのです。

私たちは常に誰かを殺している（かもしれない）

ここで冒頭の「社会を壊す」「人を殺す」という二つの概念をもう一度考えてみましょう。僕がいたサッカー部に当てはめてみると、こういうことになるのではないでしょうか。

・個々人のサッカーの上達、ひいてはサッカー部として強くなるための環境＝社会の崩壊

・サッカーという枠組みの内外両方において、個人の価値観や生き方に負の影響を及ぼす

前者をより具体的に説明すると、個々人がお互いを高めあう環境ではなくお互いの邪魔をしあう、そしていつしかお互いを憎みあう環境になってしまうと、その環境に入ってきた者はみなその環境に適応せざるを得なくなり、その悪循環は強度を増していく、ということになるでしょうか。後者は、そのような環境下でのサッカー部内での経験は部内での振る舞いに影響を与えるのはもちろんのこと、部外での振る舞いにも多大な影響を与えるということです。たとえば僕の同級生のうち、数名がサッカー部どころか学校自体を（1年生のうちに）辞めています。逆の場合もあります。仮に辞めずに済んでいたとしても、下級生に対して邪魔（加害）をする振る舞いが習慣になってしまった人間は、その後の人生のあらゆる局面でそれをくりかえす可能性があります。これは非常に由々しき事態です。

歪んだ環境下での勝ち負けは、その基準自体の歪みによって、おかしな状況を生み出してしまいます。このサッカー部内における「勝ち」は「理不尽な要求を下級生に対して行うこと（とその受容）」で、「負け」は「理不尽を許容せず加害を受けること（＝抵抗の継続）／サッカー部から姿を消すこと（＝環境からの逃走）」になっています。本来ならば「理不尽な要求が存在しない環境を構築・維持すること」が「勝ち」であるべきです。つまり、理不尽に対して抵抗する

ことでよりよい環境をつくること、を目標にするのが正しい選択です。しかし、臨界点を超えた環境下ではそういった正義はもはや通用しません。

個々人の振る舞いが社会を構成し、同時にその社会からの要請を自覚・無自覚問わず受けて個々人は振る舞いを選択していきます。個人と社会は相互に影響を及ぼしあい、自らを変容させ続ける「いきもの」です。となると個人が壊れれば社会は壊れ、社会が壊れれば個人も壊れます。社会が壊れると、人が死ぬ。これはどうしようもない事実であり、目を背けてもその事実は消えません。より当事者性を付与するなら、社会を壊すと人を殺すことになる、という言い方になるでしょうか。私たちは常に誰かを殺している可能性があるのです。

それは剝き出しの刃である

つまり私たちはできる限り、社会も人も壊さない／殺さないようにする必要があります。そのひとつの方法が、本屋にとっては「ヘイト本を置かない」というものになるのは当然の帰結かと思われます。ヘイト本が無造作に置いてある本屋は、いわば「剝き出しの刃物」が至るところにある本屋です。ホームセンターの包丁売り場では安全対策が施されているというのに、本屋ではたくさんの刃物が刃先をこちらに向けて置いてあるわけです。しかもほかの商品＝本に紛れて。そんな危険な場所がほかにあるでしょうか。どうしても置かざるを得ないというのなら、注釈的ななにかをつけて「注意・警告」を示すべきです。

これは決して比喩なんかではありません。ヘイトや差別を向けられる「当事者」からすれば、それらは決して本ではないのです。社会学者のケイン樹里安《じゅりあん》はマジョリティを「気づかずにいられる人／気にしないでいられる人[*1]」と定義しています。つまり、ヘイト本を剝き出しの刃物であると思わずにいられるあなたはマジョリティなのです。逆にマイノリティとは「気づかざるを得ない人／気にせざるを得ない人」なわけで、そんなかれらからするとヘイト本は本になど見えるわけがない。そして、この「せざるを得ない」ということに、かれらの責任はいっさいないのです。気にする人が悪い、という理屈は通らないし、通してはならない。

本棚の中に（文字通りの）剝き出しの刃がある状況を想像してみてください。「気にせざるを得ない人」が本屋に来たとき、かれらが触れる本棚はそういう状況です。あるいは、歩きながら視野に入る本棚から、たくさんの剝き出しの刃先がこちらを向いているのがわかってしまいます。あなたが学校に行ったり会社に行ったりするのに歩くいつもの道で、壁という壁に「お前は犯罪者だ、お前は異常だ、お前なんか死ねばいい」と書いてあったり、そういった声が街中のスピーカーから聞こえてくる、そんな世界であなたは生きていられますか。これは決して極端なたとえではなく、私たちの想像以上に多くの人が生きている日常です。それがわからないのは、私たちが「気づかずにいられる人／気にしないでいられる人」だから。

ヘイト本というのは、明らかに人を殺すものです。ヘイトを向けられた人はもちろんのこと、ヘイトをぶつけることで己を保っている人もまた、サッカー部の先輩たちのように自分を殺しています。私たちはみな、ひとりの例外もなく社会＝環境に殺されていると言っていいかもしれません。仕事や勉強ができる人でなくてはならない、人とのコミュニケーションに長けていなくてはならない、生産性のある人間として社会の役に立たなくてはならない。そのような押しつけられた重荷によって、私たちは日々じわじわと殺されているとするならば……。私たちはいつ「ヘイトをぶつける側」になってもおかしくありません。しかも私たちは往々にして「気づかずにいられる人／気にしないでいられる人」となっているので、自分がすでにヘイトをぶつける側になっていることにも気がついていないのです。

やはり私たちは常に誰かを殺している可能性があるのです。そう考えると非常に恐ろしく、絶望的な気持ちになってしまうかもしれません。とくに真面目な人ほど。ですが、ここまで読

＊1　ケイン樹里安・上原健太郎編著『ふれる社会学』（北樹出版）では「気づかず・知らず・みずからは傷つかずにすませられることこそ、マジョリティ（多数派）のもつ特権（Privilege）だといえるだろう」（135頁）とされ、ケインによる刊行関連イベントのまとめ記事において「気付かずにいられる人／気にしないでいられる人」として再度言及されている（https://note.com/julinote/n/n1e83b80755cc）。

QUEEN
ふれる社会学
SINS
フェミニズム
Border
北丸雄二
愛と差別と友情とLGBTQ+

んだあなたはもう、自分が「気づかずにいられる人／気にしないでいられる人」であることには気がつくことができています。これはとても大きな一歩です。自分には気づけていないものごとがあるかもしれない、ということを意識できるようになるだけで、見えてくる景色はまったく違うものになってくるからです。次に本屋の店頭に行ったとき、いままでとは違う印象を覚えるのではないでしょうか。見ている景色は同じでも、視点や観点が違っているからです。あなたはかけるべき色眼鏡を手に入れたのです。

本質は「置いていない」本に出る

私は「人を殺す」本屋にはなりたくありません。できることなら「人を生かす」本屋になりたい。そしてその「生かす」とは、決して「他者を貶めて（相対的に）己を高める」ような紛いもののそれではなく、「他者をも尊重できるような強い／やさしい自己」を形成するようなものであってほしい。ヘイトという安易な逃げに走ってほしくないし、安易な逃げに走ってしまうほど弱ってしまう前にリカバリーできるようにしておきたい。ゆえに、ヘイト本は置かないのです。

少し話はズレますが、本屋の本質は「置いていない本」に出るのではないかと思っています。

本屋の役割は「提案」であって、強制／矯正ではない。これは私が教師ではなく本屋を生涯の仕事に選んだ理由でもあったわけですが、絶対に履き違えてはいけないものだと思っています。そして、本屋の本質は置いていない本に出る、というのもこの感覚とつながっているのです。

本屋lighthouseに置いてある本には大きく分けて三つのタイプがあります。自分が読みたい＝読者として買いたいと思った本、自分は買いたいとは思わないけど誰かはそう思うだろうと思う本、社会的／時事的に必要な本、この三つです。ですが、この三つのタイプのすべてが、かならずしも私の思想や価値観と完全一致するわけではありません。「読みたい＝読者として買いたいと思った本も合致しないの？」と思うかもしれませんね。でも、おそらくみなさんもそうでしょうけど、「読みたい！」と思った本の中には「自分にとって未知のものごと」が含まれていることのほうが多いのではないでしょうか。むしろ、それを期待して読む場合もありますよね。本を読むというのは、いままでの自分の中にはなかったものを取り入れる行為でもあるわけです。

となると、お店に置いてある本というのは、書いてあることがすべてわかっている＝自分の思想や価値観と一致している（ことがわかっている）本である、なんてことはないわけです。もうこれは公然の秘密だと思うので書いてしまいますが、この世のほとんどの本屋は「お店に置いてある本を読めていない」のです（積読＝自店の棚！）。ならば必然的に多くの本が「これ、たぶん（あなたにとって）いい本ですよ」という提案でしかなくなるわけです。残念ながら「これ絶対（あなたにとって）いい本だから！」と確信を持って言えることなんて滅多になく、常におどしながら（そしてそれを隠しながら）本を置いているのです。

ゆえに、お店に置いてある本というのは、「本屋の思想や価値観を中心としたぼんやりとした円」の中に入っている本、というようなイメージで捉えるのが最も正確なものになるかもしれません。決して「その本屋そのもの」ではない。ですが逆に、置いていない本というのは、よりはっきりとその理由を表明できる場合が多いのではないでしょうか。たとえば、自分が読みたいとは思わないから。あるいは、自分が大切に思っている人（お客さん含む）には読んでほしくないと思ったから。そして、こんな本がよしとされる社会にはしたくないと思ったから。

人は嫌いなもののほうがはっきりと自覚できるように思えます。たとえば好きな食べものを尋ねられたときに「けっこうあってひとつに絞れないな……」となる人でも、逆に嫌いな食べものを尋ねられたときには、わりとすんなり具体的な回答が出てくる場合もあるのではないでしょうか。そして、その嫌いなもののほうにこそ、その人の本質が出るのだと思います。とくに本というのは思想や価値観、生き方にかかわってくるものですし、嫌いなこと＝自分は絶対にしないと決めていることである場合も多いでしょう。ゆえに、本屋がよく訊かれる質問ナンバーワンの「どんな本を置いているんですか？」にはうまく答えられない本屋でも、逆に「どんな本は置いていないんですか？」という質問にはすらすら答えてしまうのです。もちろん私もそのひとりです。

本屋はバイキング会場のシェフ？

さて、この置いてある本／置いていない本をもう少し解剖していきましょう。これまでと同様に言い換えを考えてみます。置いてある本＝好きな本、推したい本、提案したい本、興味関心がある本……などでしょうか。ほかにもいろいろあると思います。では置いていない本はどうかというと、こちらはむしろ一言であらわせてしまうかもしれません。関心がない（持ちたくない）本、と。

置いてある本は好きな本で、好きな本は推したい本で、でも推しが強すぎて強制になるのはよくないから提案にとどめておこう……というのが私にとっての理想状態（のひとつ）です。つまり「ここにある本はもしかしたらあなたにとって大切／必要な本になるかもしれないから、自分の意思でそれを選んでね。でもたくさんありすぎると迷ってしまうから、ある程度こちらで先に絞っておいたよ」という感じです。実はこれ、本屋の重要な仕事です。自覚をしていなくても、本屋はみなこれをやっているのです（もちろんこのあたりの話は「置く・置かないの判断を本屋が主体的にできること」を前提としており、いわゆる配本制度の中にある本屋は当てはまらないこともあります)。

以上を踏まえたうえで、置いていない本について考えてみましょう。そもそも関心がない＝とくに話題にしたいわけではない本なので、好きも推しも提案もありません。その土俵にすら乗っていないのです。つまり強制＝押しつけなんて生じる余地もありません。もちろん、その本(のテーマ)を話題にしたい人はいるでしょう。でもそのことについて、こちらは関心がありません。よって「したければどうぞ」でしかないのです。もちろん、できればこちらの目につかないところでお願いします、という気持ちがある場合も、テーマによってはあるのですが。

また食べものを例にとりますが、私が卵焼きを嫌いだとして、卵焼きが自分の配膳トレーの中にないことが、同席している人に対する「お前も卵焼きを嫌え／食べるな」という強制になるのでしょうか。ならないですよね。だってその人は自由に好きなものを食べているのだから。バイキング形式の食事会場と考えるとよりわかりやすいでしょうか。となると本屋は本のバイキングだとも考えられますよね。本屋で働く人はバイキング会場のシェフ、今宵もパーティーに並ぶメニューを考える……。

ここで出てくる反論には「でもお前はヘイト本は置くべきではないと言っている。つまりこれは、そんなものは嫌いになれとバイキング会場のシェフが言っているのと同じじゃないのか。そして私は実際に食べられなかった。これは自由の侵害だ」というものがあるでしょう。

いろいろな状況・考え方によって「置いていない・置かない」という状況は生じていますので、この反論に対する回答もいろいろなものが考えられます。まずひとつめの回答。テーブルのスペースは物理的に上限がありますし、さらに日によっては卵が入荷しないこともありますので、たんに「置くスペースがなかった／手に入らなかった（作れなかった）」から置いていないだけなんです。つまり、とくに深い理由はないのです。次に別パターンの回答。シェフは（たとえば）卵焼きが嫌いなわけでも、それを食べるなと言っているのでもなく、腐った卵焼きを提供してはならない＝おいしい卵焼きを食べてほしいと考えている（からテーブルに並べなかった）のです。さらに別パターン。当店は卵アレルギーの方にも安心してご来店いただけるお店としてやっておりますので、そもそも卵焼きはメニューにございません。別のお店へどうぞ。

誰もがみな選んでいる（しかし選ばされている人もいる）

ひとつめの回答は、実はAmazonを筆頭にした超大型通販サイトにも当てはまります。また、これを少し違った観点から考えてみると不思議な事象が起きるのです。

ヘイト本を置かないという主張をすると、かならず「それならAmazonで買います」的な言葉が飛んでくるのですが、これはようは「お前みたいに他人の自由を侵害する本屋は、主義主張にかかわらずなんでも置いてある本屋に駆逐されて当然だ」という当てこすりも込めてのものなのだと思います。でも、実はAmazonも本を選んでいるんです。残念ながらその選定基準がはっきりとわからずブラックボックスになっているのですが、Amazonに置いていない＝品切れになっている本はたくさんあります。そして、とくに出版社の人はよくわかると思いますが、品切れになっている本をAmazonに「いまこれ売れてるから補充してくれ！」と頼んでもまったく反応してくれない、なんてことがよくあるのです。つまりAmazonにも置いていない、あるいはAmazon側が仕入れるつもりのない本というのは存在していて、そうなるとAmazonだって他人の自由を侵害している本屋に、かれらの理論からするとなってしまいます。

つまり、（意思の有無を問わず）置いていない本がある＝他人の自由を侵害している、という論理でものごとを展開してしまうと、この世のすべての本屋がそれに当てはまってしまうのです。Amazonにだって物理的なスペースの制約はあるし、なんらかの意図でもって「置かない＝仕入れない」と判断する本があるのですから。

残り二つの回答は、主にlighthouse的な本屋を想定したものと言えるでしょう。ここでいう「腐った」とは、これまで通り主にヘイトや差別を含むものを想定しています。もちろん、ここでも反論は生じるはずです。しかし、やはりその判断は本屋ひとりひとりがしていいものなのです。何度でも言いますが、本屋は本屋である前にひとりの人間であり、ひとりの人間として各種の自由が保障されているのです。どういう本を「腐っている」と判断するかはあなたの裁量で決めていい。

もちろん、そのためには自分の中に基準を設ける必要がありますし、となると参考にすべきものもある程度あったほうがいいでしょう。たとえば法務省の啓発活動ページ「ヘイトスピーチ、許さない。」では、ヘイトスピーチの定義と事例がこのように紹介されています。

特定の国の出身者であること又はその子孫であることのみを理由に、日本社会から追い出そうとしたり危害を加えようとしたりするなどの一方的な内容の言動が、一般に「ヘイトスピーチ」と呼ばれています（内閣府「人権擁護に関する世論調査（平成29年10月）」より）。

例えば、

（1）特定の民族や国籍の人々を、合理的な理由なく、一律に排除・排斥することをあおり立てるもの

（「〇〇人は出て行け」、「祖国へ帰れ」など）

（2）特定の民族や国籍に属する人々に対して危害を加えるとするもの

（「〇〇人は殺せ」、「〇〇人は海に投げ込め」など）

（3）特定の国や地域の出身である人を、著しく見下すような内容のもの
（特定の国の出身者を、差別的な意味合いで昆虫や動物に例えるものなど）
などは、それを見聞きした方々に、悲しみや恐怖、絶望感などを抱かせるものであり、決してあってはならないものです。[*1]

ほかにも参照すべき本や文献はありますので、各々が意識を持ってアクセスすることでその「知」はより高まっていくと思います。巻末にも参考文献一覧を用意してあるので、なんらかの助けになれば。

そして、三つめの「卵アレルギーの人が安心して来店できるお店づくり」という設定こそ、ヘイト・差別と表現の自由を考えるうえでは最も重要な観点になるのではないかと思います。まず、アレルギーというのは、非当事者からするとその存在を「忘れてしまいがち」なものだったりします。実は私自身が卵と乳製品のアレルギー持ちで、しかも大人になってからの発症だったため、アレルギー持ちになる前の自分の意識も知っています。ゆえにその「忘れがち」加減もよくわかるのです。

＊1　法務省「ヘイトスピーチ、許さない。」https://www.moj.go.jp/JINKEN/jinken04_00108.html（2023年3月7日閲覧）

アレルギーのない人は食べたいものを食べることが（無意識に）できますが、アレルギー持ちはそこに「アレルギー物質が入っていないか」というフィルターをかける必要が生じます。あるいは、先にそのフィルターをかけて対象を絞ってから、その中で食べたいものを選ぶという順番でしょうか。

実際には、文字で読む以上に面倒だし嫌になります。このあとコンビニやスーパーなどで、卵と乳製品がいっさい入っていない食べものを探してみてください。ほとんどありません。なので、その中から「食べたいものを選ぶ」といっても、実際には「食べることができるものを選んでいる」だけで、好きなものを選べているわけではないことがほとんどです。あゝ……無邪気にジャンボチョコモナカアイスを食べていたあのころに戻りたい……。

そんな卵・乳製品アレルギー持ちの私にとって、安心して食べられる（お店なら安心して入れる）のはアレルギー対応やヴィーガン対応のメニュー（があるお店）です。これ／ここには自分に害を与えるものがない、というのが先に提示されていることの安心感……これは当事者になってはじめて理解できたものでした。

本は思想の塊《かたまり》である（がゆえに）

これを本（屋）に当てはめて考えてみましょう。たとえば「ヘイト本は置きません」ということが明確に示されている本屋ならば、ヘイトの対象となっている属性を持つ人でも安心して来店できます。自分にだけ向けられている（がゆえにほかの人には気がつくことができない）剝き出しの刃が存在しない、少なくともその可能性が低いことがわかるからです。本屋の本質は置いていない本にあらわれる、というのは「誰を守りたいのか、どんな人を大切にしたいのか」と言い換えることもできるかもしれません。そしてその「誰／どんな人」は本屋各々が決めていいのです。何度も言っていますが。

ちなみに、ご飯屋さんでは「なんでこのメニューがないんだ、客の自由の侵害だ」というクレームが入ることはほぼないのではないでしょうか。たとえば中華料理屋にピザがない、とか。でも本の世界だとわりと頻繁に起きています（少なくとも、なんらかの本を「置かない」と宣言した場合には）。おそらくこの理由は、本そのものが思想の塊的な存在だからでしょう。本はそこに存在しているだけで「ものを言う」のです。タイトルで、著者名で、帯のコメントで、出版社名で、そして本文で。このことは、本はよりいっそう慎重に扱う必要がある、ということの証明になるかもしれません。

もちろん食べものからも、なんらかのメッセージを受け取ることはあります。アレルギー持ちはもちろん、イスラム教徒の人に豚肉料理を出すとかもそうでしょう。そこに悪意＝剝き出しの刃を見ることは可能だし、そう受け取った人を「ナイーブすぎる」と非当事者が非難する権利はありません。ですが、本ではそれがよりいっそう高い可能性で起きるし、よりいっそう直接的な悪意を感じるものになります。ケチャップで悪口が書いてあるオムライスを提供している、と考えてみると、その醜悪さがわかるのではないでしょうか。果たしてそれは食べもの……なのか。

あえて極端な話をしますが、ヘイト本を置かないと明言する本屋に「自由の侵害だ」とクレームを入れる人がいるのなら、その人が好む本ばかりを置く本屋、つまりヘイト本専門店があってもいいし、ないなら誰かがやればいいのでは？　と常々思っています。ようするに、私とあなたでは「守りたい／大切にしたい」人やものが違うわけですから、その価値観が一致する場所に行く、もしくは作るなどすればいいし、ヘイト本を置かないという主張をするだけでは、そのことに対する自由まで奪ってはいません。もちろんそんな本屋が登場したら批判はしますし、ヘイト本を置かない本屋が支持される社会であってほしいとも思いますが。

「置かない」ことで人を生かす

みなさんにとっての理想の本屋とはどんなものでしょうか。いろいろな観点があると思いま

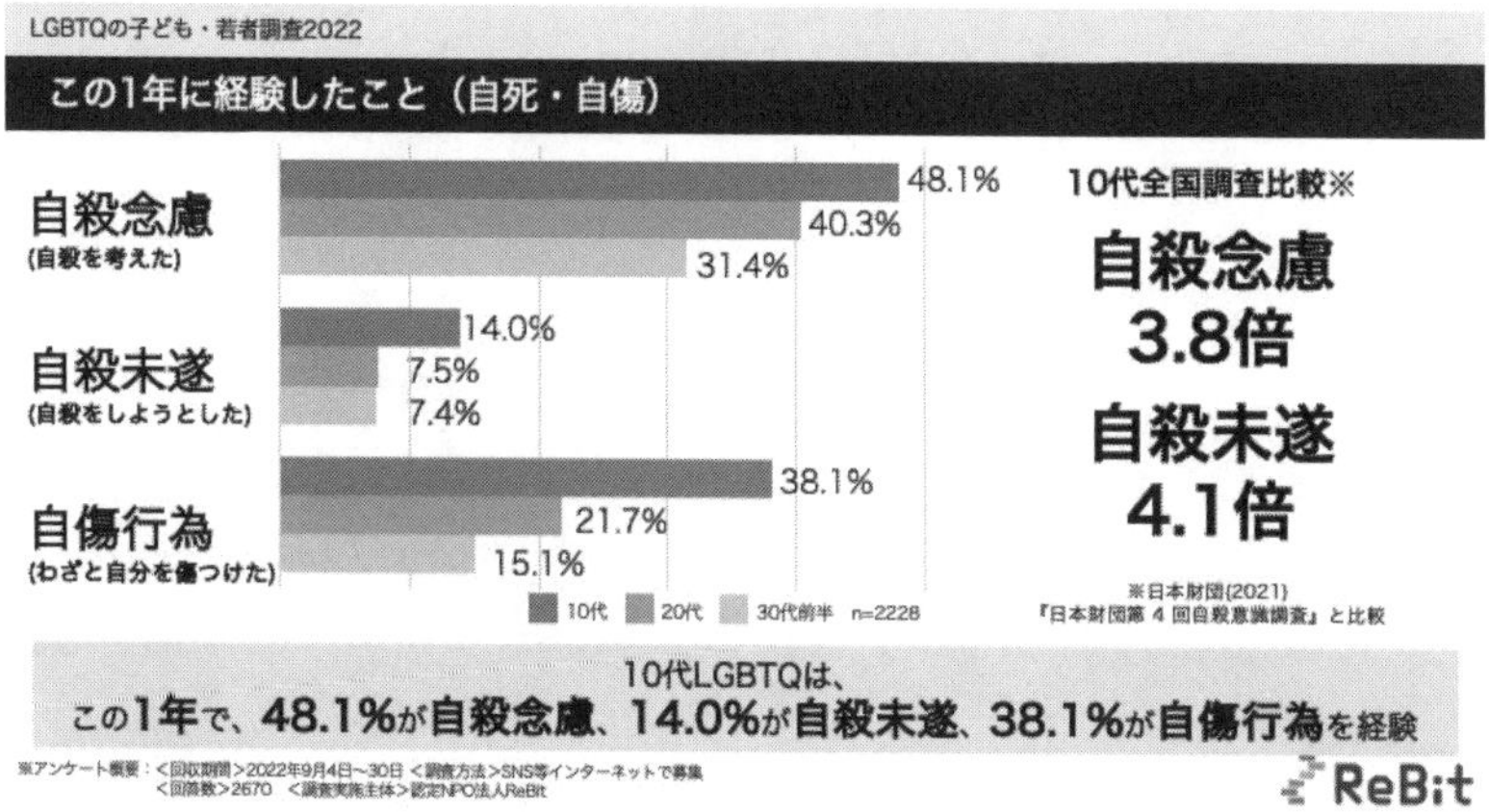

出所）認定NPO法人ReBit「LGBTQ子ども・若者調査2022」プレスリリースより

上記データを見るとわかるように、マイノリティのメンタルヘルス環境は非常に悪い。LGBTQの若者への支援を行うReBitによると、「日本財団の『日本財団第4回自殺意識調査（2021）』と比較し、10代LGBTQの自殺念慮は3.8倍高く、自殺未遂経験は4.1倍高い状況」にあるとされる。また同調査によると「LGBTQユースの91.6%が、保護者にセクシュアリティに関して安心して話せない状況」にあるとされ、私たちがなぜかれらを「いないもの」と認識してしまうかの理由もわかるだろう。かれらはいないのではなく言い出せないのだ。もちろんこれは性的マイノリティのみに限った話ではない。

すが、私はやはり「人を殺す」本屋ではなく「人を生かす」本屋になりたい、というのが軸になります。そしてこれは「置かない」という選択・行為でも実現できることだと思っています。本を置かないことで人を守り、生かすこと。本を置くことで人を殺す本屋が存在してしまっている以上（当人たちは無自覚なことも多いですが）、このような抵抗はあってしかるべきです。

おそらく多くの本屋は、すでに「置くことで守る・生かす」ことはできていると思います。それは、自分の好きな本や推したい本をお店に置くことと同義だからです。あなたが意思を持ってお店に並べた本は、たしかに誰かを救っている。ならばそこからもう一歩、先に進んでみることもできるはずです。「置かない」という選択・行為が、どこかの誰かを救うということ。もうすでに「気づかずにいられる人／気にしないでいられる人」ではなくなっているあなたなら理解できるのではないでしょうか。あなたとともに生きている「気づかざるを得ない人／気にせざるを得ない人」のために、意識的・自覚的にものごとを見ていくこと。非当事者としての振る舞い、つまりアライとしてどう生きていくかを、本屋としても、ひとりの人間としても考えていきましょう。

5

差別は道徳では解決しない

構造性・交差性・横臥者

差別について考えるうえで知っておくべきことのひとつが、その構造性です。いじめはよくない、自分がされて嫌なことはしない、といったような「道徳的」な考え方では解決しきれないのが差別問題……。差別の構造性、そして「交差性」や「横臥者《おうがしゃ》」といった概念を知り、それらを本屋の場で実践することが必要です。はじめは難解に思えるかもしれませんが、ほんの少し意識や視点を変えるだけで理解・実践が可能なものだと思います。とにかくまずは「知る」ことから。

アライ（Ally）とは

前章の最後に「アライ」というキーワードが出てきました。あまり聞き慣れない言葉だと思いますが、本屋にとっても非常に重要な概念なので、少々の説明をしておきましょう。アライ（Ally）はもともとＬＧＢＴＱコミュニティを発祥とする言葉・概念であり、端的に言うと「当事者に寄り添う非当事者」となります。たとえば日本語版のウィキペディアでは以下のような説明がなされています。


ストレート・アライ（英語：Straight ally）とは、人権の平等化や男女同権およびＬＧＢＴの社会運動の支援や、ホモフォビア（同性愛者や同性愛に対して否定的な価値観）への異議を投げかける異性愛者を指す言葉である。アライ（ally）とは「味方」という意味の英単語。

また、ストレート（異性愛者）やセクシュアル・マジョリティ（性的多数者）ではあるが、セクシュアル・マイノリティ（性的少数者／ＬＧＢＴなどの当事者）が社会的に不利な立場に置かれていると認識し、ホモフォビアやヘテロノーマティビティ（異性愛を標準と捉える価値観）に対する解消活動や異議の表明を行い、当事者を支援する人々も指す。

文脈上ストレート・アライを指すことが明確な場合は、単にストレート（Straight）ともアライ（ally）とも言う。[*1]

あるいは、「はじめてのトランスジェンダー」というサイトでは、以下の項目を設定して、アライであるとはなにかということをより具体的に説明しています。

①発言する前に勉強すること
②「本当の問題」に目をむけよう
③まわりに正確な情報を広めよう
④日頃つかっていることばを見直そう
⑤不要な男女分けを見直そう
⑥性別を意識せずに使える選択肢を増やそう[*2]

＊1　Wikipedia「ストレート・アライ」https://ja.wikipedia.org/wiki/ストレート・アライ（2023年3月7日閲覧）
＊2　はじめてのトランスジェンダー「トランスアライにできること」https://trans101.jp/2021/11/12/allys/（2023年3月7日閲覧）

このうち②④⑤⑥に関してはトランスジェンダー差別に特徴的なトピックですが、①と③に関しては本屋としても意識できることだと思いますので、本屋に置き換えたものを考えてみましょう（そもそもトランスジェンダーとは？　という段階の人はとくにですが、前掲のサイトはみなさん一度目を通しておきましょう）。

①発言する前に勉強すること。これは「本を仕入れ、店頭に並べる前に、それがどんな本か調べること」と言い換えるだけで十分に納得できるものになると思います。もちろん、とくにチェーン店などの「新刊配本」がある本屋では、１００％実践できることではないでしょう。ですが、この意識を持つ／可能な限りおこなうことはできると思います。ベストは無理でも、ベターなら。そのベターを積み重ねていきましょう。

③まわりに正確な情報を広めよう。これはもはや本屋の役割の中心、絶対に外してはいけないポイントです。①とつながってくる行動指針でもあります。すべての本の、書かれていることのすべてを理解し、その正誤や善悪などを判断することは誰にもできやしない。しかし、だからといってそれを諦めていいというわけではありません。やはりここでも、ベストを目指してベターを積み重ねていくことが必要なのです。前章までで何度も言及していますが、先人＝巨人の肩に乗ったり、共有知を活用するなどして、バラバラだけども一丸となってやっていきましょう（独力でがんばらなくちゃいけないわけではないのです）。

差別やヘイトを道徳（だけ）で考えてはいけない

これは差別やヘイトに対するときでも同じように考えられるものだと思います。非当事者として当事者に寄り添うこと＝アライであること。そのために「一丸となってバラバラに」抵抗をすること。本屋がメディアであり、クリエイターであり、そしてその前段階としてひとりの人間である以上、差別やヘイトを見なかったこと・ないことにしていい理由などありません。少なくとも、あなたが「本には特別な力がある」といったようなことを信じ、ゆえに本屋として生きているのならば。

とはいえ差別やヘイトというのは、道徳のようなもの、つまり「みんな仲良く」とか「いじめはよくない」などのような捉え方・考え方をもとにした実践では解決しないものであり、それどころか逆効果になってしまうなんてこともあります。なので、少しここで勉強をしていきましょう。もちろん私自身もまた勉強の最中ですし、これから書く（あるいはこれまで書いてきた）ことの中に正しくないことが含まれていることも十分にあり得ます。実のところ、それが差別やヘイトについて考え、実践するということの本質とも言えます。これは本章を読んだあとにこそしっくりくることかもしれませんので、先に進みましょう。

なぜ「差別やヘイトを道徳（だけ）で考えてはいけない」のでしょうか。この問いへの答えのひとつは「差別は構造的なものだから」ということになるのですが、理解するにはじっくりと説明をする必要があると思います。じっくりと読んでください。

まず、差別は「心の醜い人」だけがするものではありません。少し観念的に言い換えをすると、差別は「意図的・自覚的におこなわれるもの」だけではなく、悪意がなくとも差別になってしまうことがある、ということです。『差別はたいてい悪意のない人がする』（キム・ジヘ著、大月書店）という本があるのですが、差別（の本質、そして難しさ）を端的に言いあらわしたタイトルです。そう、むしろ悪意のない差別のほうが多いのです。このことをまず頭に叩き込みましょう。つまり、あなたも常に差別をしている（可能性が高い）ということです。もちろん私も。誰ひとりとして他人事ではないのです。

以下の例が差別であるかどうか、考えてみてください。あなたは学校の教室にいます。

①文化祭の出し物を決める話し合いの際に、クラスメイト（女性）に対して容姿を侮辱する言葉が投げつけられた
②出し物（焼きそばの屋台）のチラシに、水着の女子生徒がアイキャッチとして使われている
③焼きそば屋台の役割分担で、女子生徒は焼きそば作り／男子生徒は客の呼び込み、と決められている

④その役割分担に異が唱えられ、投票がおこなわれることになった（クラス内男女比は男7：女3）

①は「道徳だけ」で考えても差別＝よくないことと判断できるでしょう。出し物を決める話し合いに容姿（の良し悪し）はいっさい関係がありません。それとも、美人なら意見を言う権利があり、その意見も通りやすくなるのでしょうか。明確な差別だとわかる例でしょう（残念ながらよくある光景ですが）。

②では「構造」の問題が顔を出してきます。道徳だけでは判断が難しくなってくる例です。ということで、これも差別の一種です。この理由を理解するには、まず「女性が本人の同意なく性的な視線に晒されることをよしとする社会的状況がある」という前提を共有する必要があります。そもそも焼きそばと（女子生徒の）水着には関係がありません。にもかかわらずアイキャッチとして水着姿の女子生徒が使われる、ということの背景にはいったいなにがあるのでしょうか。

たとえば、ひとつは「だって水着の女子生徒っていいじゃん」という、たんに性的な欲求を満たすための理由。こちらは道徳だけで考えても違和感を抱くかもしれません。次に「水着の女性が載ってたら＝お店にいたら客がたくさん来るはずじゃん」というもの。これは一見するとビジネス的には「理にかなった」ものに思えますが、前提条件（＝女性が本人の同意なく性的な視線に晒されることをよしとする社会的状況があること）自体が差別的状況を是としているものである以上、差別を温存もしくは助長する行為となってしまいます。金儲けのために人権が蔑《ないがし》ろにされるのは批判すべき事象です。

あるいは、「綺麗（美人）な女性として載せてるんだからいいじゃん」という感覚もあるでしょう（①の差別をもとにした思考回路ともいえますね）。綺麗（美人）だからアイキャッチとして選ばれた、というのは褒めの文脈でなされる行為のため、まわりからすると「よかれと思って」かもしれません。しかし、そこに「選ばれた本人の意思」があったのか、という視点はやはり忘れてはいけません（アイキャッチとして使われるのが嫌だという気持ちがあっても、社会的に「褒め」の文脈で付与されたものを拒否できる意思の強さを誰もが持っているわけではありません）。くわえて、その美の基準自体が男性目線で作られたものであることも指摘しておきましょう。いずれにせよ、女性が男性から一方的に「（性的に）消費される」という社会構造がある、ということを見逃してしまうと、差別（の構造を温存する行為）であるとは理解ができなくなってしまうわけです[*3]。

③も同様に、構造を見逃してしまうと「だってそういうものじゃん」でスルーされてしまう差別の例です。ここにあるのは「女性はご飯を作るものだ」という決めつけです（あるいは「男性は家事をやらないものだ」）。この例に関しては、男性目線からも差別であるという声が出てもおかしくないでしょう。ご飯を作るのが嫌な（苦手な）女性がいるのと同様に、ご飯を作るのが

好きな（得意な）男性もいるわけで、くわえて客の呼び込みが苦手な男性も当然存在しているわけですから。このような、性別を基準にした一律的な措置は得てして「そういうものだから」で見逃されてしまいがちですが、歴とした差別の一種です。しかし、この役割を決めた人に悪意はあったのでしょうか。ないことがほとんどでしょう。

④はさらに大きな構造の話であり、差別（の構造）をなくすことの難しさがよくあらわれている例です。③の役割分担に対して生徒間で批判が出る。いいことですね。役割分担を決め直すかどうか、クラス全員での投票がおこなわれる。いいですね。非常に民主主義的で、えらい！と言いたくなってしまう流れでしょう（もし③が教師＝大人によって決められた分担であったならなおさら）。ですが、やはりここにも構造の罠があります。

男女比に偏りがある、というのがポイントです。男性が多い状態で投票をしたところで、「女性はご飯を作るものだ／男性は家事をやらないものだ」という意識が社会的に浸透している状態では、おそらく結果は変わらないでしょう。なんなら男女比が同じでも、女性の中にも

＊3　アイキャッチに選ばれた女性がそれを肯定的に受けとめる＝当人にとっては差別的行為と感じるものではなかったとしても、差別構造自体は温存されてしまうことになる。差別被害当事者の声を聴くことがかならずしも差別の解決につながるわけではない、ということは「道徳の問題ではなく構造の問題」のわかりやすい例かもしれない。

「女性はご飯を作るものだ」という意識が染みついてしまっているなら、やはり結果は変わらないかもしれません（これを「規範の内面化」と言ったりします）。つまり、④は「意図的な差別行為ではない」ですが、少なくとも「差別の構造は打破できていない」と言えるでしょう。

あまり考えたくはありませんが、場合によっては構造を悪用している可能性も存在します。男女比の差が大きいことを利用して「形だけ」民主的な手続き（＝投票）を踏んだ場合です。男性側の意見＝現状維持が選ばれる可能性が高いことは理解できるかと思いますが、投票で決めたんだから文句を言うな、と言いやすくなるのでマジョリティからすると好都合なわけです。こうなると、もはや意図的な差別と言っていいでしょう。

ここであらためて「構造的差別」について説明された文章を読んでみましょう。前掲の『差別はたいてい悪意のない人がする』からの引用です。

このように、構造的差別systemic discriminationは、差別を差別ではないように見せかける効果がある。すでに社会に差別が蔓延した状態が長く続いており、十分に予測可能なとき、とくに意図しなくても、社会構成員のすべてが各自の役割を果たすだけで、差別がおこなわれることになる。差別することでメリットを得る人だけでなく、デメリットをこうむる人さえも、秩序に従って行動することで、みずから不平等な構造の一部になっていく

のである。（80頁）

ここでポイントなのは、「社会構成員のすべてが各自の役割を果たすだけで」「秩序に従って行動することで」という部分です。文化祭の例で言えば、女子生徒が率先して調理担当を担うこと（＝各自の役割を果たす）だったり、クラス全員での民主主義的な投票がおこなわれること（＝秩序に従って行動する）だったりがこれに該当します。一見するとすばらしい＝道徳的な振る舞いが、差別を温存・助長することになる。なんと皮肉なことでしょうか……。

交差性を意識すること

さて、ここで納得＝もう理解できたと思ってはいけないのが差別を考えることの難しさです。ここまでの流れ（＝主に女性差別に関する事柄）の中で「排除されてしまっている存在」があったことに、あなたは気がついているでしょうか。たとえば、先ほど少し言及したトランスジェンダー（やノンバイナリー）[*4]の生徒。あるいは、日本語が十全に理解・使用できるわけではない外国籍の生徒。男女という性別二元論で考えられる役割分担や性差別の議論の中に、トランスジェンダー（やノンバイナリー）のかれらの入る余地はあったでしょうか。そもそもが日本語で交わされる議論の中で、外国籍のかれらの声は十全に反映されていたのでしょうか。もちろんこれ以外にも「排除されてしまっている存在」はいるはずですので、各々で考えてみてください。そして、ここまでで（あるいは本書全体を通して）私が無自覚におこなってきている差別もあったはずです。私としては細心の注意を払って、持てる限りの知識や配慮でもって、思考と文章を紡いできたつもりです。ですが、それでも「していないとは言い切れない」のが差別なのです。差別は道徳（だけ）の問題ではない。つまり、意図（＝つもり）とは関係なく起きるものでもあるということ。あらためて肝に銘じておきましょう。

ここで「交差性＝インターセクショナリティ（Intersectionality）」という概念についても触れておきましょう。これは、たとえばオンライン辞書「英辞郎」では「人種・国籍・性別・性的指向・社会的階級・宗教・障害などの差別を個別の問題と捉えるのではなくて、交差し合っているもの、または重なり合っているものとして捉えること*5」とされているものです。たとえば（アメリカにおける）黒人の女性や、（日本における）在日コリアンの障害者などを想定してみてください。前者は「（白人がマジョリティである社会における）黒人」と「（男性がマジョリティである社会における）女性」という交差性を、後者は「（日本人がマジョリティである社会における）在日コリアン」と「（健常者がマジョリティである社会における）障害者」という交差性を帯びた差別を体験することになります。これは足し算ではなく、掛け算のイメージで捉える必要があります。それが「個別の問題と捉えるのではなく」という部分の意味であり、そういった複層的な事象を丁寧にまなざすインターセクショナルな視点が、差別を考えるうえでは必須のものになります。

あるいは、以下のたとえのほうがイメージしやすいかもしれません。『ノンバイナリーがわかる本』（エリス・ヤング著、明石書店）という本からの引用です。


これは、様々な人種やセクシュアリティの女性たちの異なる体験、機会、周縁化に取り組むフェミニズム運動を指しており、ジェンダーや人種や階級やそれ以外のアイデンティティがいくつか重なって、複数の形で周縁化される人は、車が行きかう「交差点」に立っているようなものだというのです。つまり社会からいくつもの方法で疎外されている人は、交差点に立つ危険が増す――車を何台も避けなければならないから――という主張です。

（128頁）

＊4　ノンバイナリーとは「男女」という二項的（＝バイナリー）なものには当てはまらないジェンダー・アイデンティティを持つ人のことである。そしてトランスジェンダーの中にもバイナリーな意識を強く持っている人とそうではない人がおり、これらは簡単に区別できるものではない。このようにジェンダー・アイデンティティは多様であり、これ以外にも多数あるが、ここではトランスジェンダー（とノンバイナリー）に代表してもらう形をとった。詳しくは『ノンバイナリーがわかる本』などを各々参照してほしい。
＊5　英辞郎 on the WEB　https://eow.alc.co.jp/search?q=Intersectionality（2022年9月11日閲覧）

前から来る車を避けたら、右から来た車にぶつかってしまう。だからどちらも気にしながら避けなくてはならない（すると斜め後ろにいた子どもにぶつかってしまうかもしれない）。というような大変さがイメージできたでしょうか。
あるいは、別の角度から交差性について言及したものも見てみましょう。

一元的な発想で差別にアプローチするやり方は、他の次元では特権を持っており、ただひとつの問題だけ解決できればいい人にとっては意味がある。たとえば黒人でありながら異性愛者の男性は、人種差別の問題さえなければ主流になれる。同様に、女性でありながら白人の異性愛者である人は、性差別の問題さえなければ主流になれる。では、ある人が黒人女性でかつ同性愛者の場合はどうだろうか。（中略）差別に対して一面的にアプローチすると、どこからも救済されない人々が出てしまう。黒人の集団の中でも、女性の集団の中でも周縁化されることで、黒人女性に対する差別は隠蔽されている現実がある。（『差別はたいてい悪意のない人がする』60頁）

（CC by Ryo Matsubara）

黒人／白人間の格差だけの解決でも、女性／男性間の格差だけの解決でも、あるいは同性愛者／異性愛者間の格差だけの解決でも、根本的な解決にはならないのです。そのどれをも解決すること、少なくとも解決しようと試みることが必要で、そこに優先順位をつけてはならないわけです。

本屋として交差性を考える

ここでこの感覚、あるいはものの見方を少しだけ、本屋にとってのものにずらしてみたいと思います。差別被害者にとっての交差性から、本屋＝加害者になりうる存在にとっての交差性に、ということです。メディアであり、クリエイターであり、つまり表現者のひとりとして本屋が存在する以上、その表現行為が何者かを傷つける＝差別行為に加担する可能性は排除できません。ゆえに本屋の私たちもまた、交差性とはなにかを常々意識し行動する必要があるのではないでしょうか。

つまり、可能な限り誰かの足を踏まないようにする、ということです。これは「じゃあ誰も傷つけることのない安易な表現物だけ扱えばいいんでしょ」という安易なものではありません。あるいは「ポリコレ[*6]ばっか意識してたらありきたりな表現しか生まれないでしょ」というような、ありきたりな反発の相手をするものでもありません。これらはどちらも表現者・創作者を馬鹿にする態度です。差別に加担せずに面白いもの・革新的なものを作ることは可能です。そしてそれを追求できるのがプロであり、「質の高い」作品を生み出そうとしている人間です（ここでいう「プロ」とはそれでお金を稼いでいるということを指しません。意識の問題です）。ならば本屋はそれを信じて、待てばいい。信じて、選べばいい。その結果として、読者が「信じて（＝安心して）、読める」のです。差別やヘイトに加担する本は、その信頼関係を壊す存在であるからこそ、批判されるべきものでもあるのです。

もちろん、本屋がすべての本のすべてのページを読み、書かれているすべてのことを１００％正しく理解できる、なんてことはありえません（だからこそ作り手を信じるしかないとも言えます）。なので、どうしても抜けや漏れはあるし、知識不足や誤読によって差別に加担する本を置いてしまうこともあります。これはどうしようもない事実です。でもだからといって、諦めてもいけないわけです。となると、やはりベターを積み重ねていくしかありません。本書の冒頭に書いた、ユートピアの仕組みと同じです。完璧を目指して、終わりのないベターの積み重ねを続けること。それは果たしてどのようになされるのでしょうか。

その答えのひとつは、やはりもうすでに書いていることだったりします。巨人の肩に乗る。共有知に頼る。そして、私たちには失敗をする権利がある。差別が無自覚になされてしまうもの＝構造的なものだからこそ、どれだけ意識していても差別をしてしまうことがある、というのと構造は同じです。そういう意味では、「誰もが失敗＝差別をするのだから、それを怖がりすぎずに実践していこう」という前向きな捉え方をしてもいいものなのかもしれません。もちろん、それは安易なものであってはならず、つまり「考えるのがめんどくさい」を覆い隠すためのポジティブシンキングであってはならないわけですが。あくまでも慎重に、丁寧に、地道にやっていくということは、常に忘れてはいけません。差別問題の解消は、ユートピアに到達することと同様に、「ひとっ飛び」にできるものではないのですから。

権力＝引力

もう少し、差別の構造や仕組みについて考えてみましょう。差別について考えることは、本屋としての仕事の本質と重なるものが多い、というより、むしろ本質そのものであるような気がしているからです。

次に考えてみたいのは、権力勾配というものです。これはよくシーソーの傾きとしてたとえ

＊6　ポリティカル・コレクトネスの略称。直訳すると「政治的な正しさ」。主に創作物や表現行為の全般において「差別にならない（加担しない）」ことや「差別を是正する（被差別当事者をエンパワメントする）」ことを意識した表現・言葉選びをすることを指すが、そういった意識（の高さ）を揶揄する目的で「ポリコレ（棒を振り回す）」といった言い方が使用されている。

られることが多いでしょうか。体重の違うふたりが両端にいるとき、シーソーを平行にするためには、第三者はシーソーの真ん中に立つのではなく、重量差を考える必要がある、というような話です。つまり中立というのは、シンプルに「両者の真ん中」に「立つ」だけでは達成できないもので、各種パラメーターを考慮に入れたうえで「両者が同等になるポイント」を「探る」試みである、と言えるでしょう。もちろん、この各種のパラメーターというのは無数にあり、かつその目盛りの読解自体にもなんらかのバイアス＝認知の偏りが介在するわけですから、事実上、中立というのは達成不可能な状態であると言えるのではないでしょうか。

あるいは、権力勾配を「引力」という概念であらわしてみることも可能だと思います。権力の強いほうが引力が強く、権力が弱いほうは引力も弱いということです。イメージしやすくするために極端な例を出すならば、ブラックホールと人間がいいかもしれません。強者（＝ブラックホール）の引力は弱者（＝人間）のそれをはるかに上回るので、そのあいだに立つ者はいつの間にかブラックホールに吸い込まれてしまうわけです。自分では2点の真ん中に立っているつもりでも、気づいたときにはブラックホールのど真ん中。あるいは、ブラックホールのど真ん中にいることにすら気づかないままかもしれません。この状態で「2点＝両者の真ん中に立ち続ける」ためには、人間側方向に強い力を向ける必要があります。身近な存在にたとえ直すならば、「動く歩道[*7]」の上で「外側から見て」同じ場所に立ち続けるためには、歩道の動きと反対方向に同等の速度で動き続ける必要がある、ということです。そのまま立っているだけではいけないことが簡単にイメージできると思います。

つまり、差別に抵抗する際にも同じ理屈が働きます。私たちが「真ん中だと思っている」それは、果たして本当に真ん中なのでしょうか。より正確に言うならば、私たちは「真ん中に立ち続けられる」振る舞いをしているのでしょうか。もっと言うならば、果たして「真ん中に立ち続ける」ことはそもそも正しいことなのでしょうか。状況＝環境＝社会自体に偏りがあり、それゆえに差別が自覚的／無自覚的問わず横行している状態において、私たちがすべきことはなんなのか。

ただ乗っているだけでその先にある落とし穴に落とされる「動く歩道」がそこにあり、しかもそこに乗せられている人にはどうすることもできない状況を、あなたは歩道の外から見ている。あるいは、見ることができている。ならば、歩道の進行方向とは逆側から手を伸ばしたり、

＊7　動く歩道のたとえについては、心理学者の出口真紀子による以下の講演録を参照してほしい。そのほか差別全般についての理解が深まる説明が多くなされているので、ぜひ一読を。ちなみに、動く歩道のたとえは筆者自身が「名案だ！」と自画自賛していたものだったが、実際には先人（＝出口さん）がいることを編集者から教えてもらい、この注を書いている。このような例は本書においてほかにもたくさんあるはずなので、先人の存在を知っている人は教えてください。三重県庁「みえ人権News」「マジョリティ側の『特権』を可視化し、教育現場で生かすには（講演記録）」https://www.pref.mie.lg.jp/JINKYOUI/HP/m0207800035.htm

穴に落ちる前に穴を塞いだり、そもそもの根本原因＝構造である「動く歩道」の停止スイッチを押したりすることも、あなたにはできるはずです。

真ん中＝中立が正しいと思えること自体が、ある種の特権的状況（＝外から見ることができている状況）に自分がいることの証である、と考えること。それだけで、見えている景色は同じでも、自分が取るべきだと思う行動（の選択肢）は大きく変わってくるでしょう。

中立＝なにもしていない

中立という概念を考えてみると、3章で言及した「本屋には嫌なものは嫌だと言う自由がある」という点にもつながってきます。本屋にはあらゆる種類の本が置いてあるべきで、その置く／置かないの判断（とくに置かないの判断）に本屋個人の恣意的ななにかが介在することはあってはならない、というような言説が登場するのにも、この中立＝正しいという感覚が大きな影響を与えているように思えます。

しかし、こと差別やヘイトにかかわる問題においては「中立＝正しい」ではないわけです。権力には勾配があり、強者と弱者のあいだには引力の差があり、私たちは常に「動く歩道」に乗っています。本屋個人の恣意的ななにか（とあえて書きましょう）がなければ、差別やヘイトによる被害が減ることはありません。それがなければ、状況は変わらない＝なにもしていないのと同じなのです。

それでもやはり、長年にわたって植えつけられてきた「中立正義論」的な感覚は簡単には拭い去れないかもしれません。心根が善意である人であればあるほど、絡めとられている価値観とも言えるでしょう。ではここでひとつ、重要な引用を。これも『差別はたいてい悪意のない人がする』からです。

> 実は、だれにでも、どんな場でも嫌いと言える自由があるわけではない。私たちは生きていくなかで、自分の居場所と立ち位置によって、嫌なことを嫌だと表現できない状況を、数え切れないほど経験する。嫌なことを嫌だと表現できるのは権力である。この権力は、賢く使えば非常に意味がある。権力者に向かって嫌だと表現できるか否かは、市民が権力を獲得するうえで非常に重要な要素である。女性が男性に対して嫌だと言えるとき、部下が上司に嫌だと言えるとき、権力関係は従来とは異なる関係に変わる。
>
> しかし、権力を持った人が使う「嫌い」の表現は違う。社長が社員に向かって嫌いと言うとき、教師が学生を嫌いと言うとき、これらはたんなる個人の好みの問題ではなく、権力関係の変動でもない。まさに権力そのものである。（153頁）

本屋の立ち位置は、時と場合によって強者にも弱者にもなりうると言えるでしょう。たとえば、本屋が置きたいとは思ってもいない本が新刊配本によって出版社（取次）から送り込まれてきたとき、本屋は、強者＝権力を持つ側＝出版社（取次）に対して「こんなのはいらん！」と気兼ねなく言う自由があるはずです。逆に、マイノリティ属性を持つお客さんからすれば、自らのアイデンティティを否定する本が店頭に並んでいることに対して「そんなもの置くな！」と気兼ねなく言う自由があるはずです。この場合、本屋は「本を置く＝置いてある本をお客さんの目に（強制的に）触れさせる」という権力を行使できる強者となるのです。「見たくないならお店に来なければいい」という反論がただの屁理屈であり、かつ横暴な権力そのものであることもまた理解できるはずです（たとえば出版社や取次から「売りたくなければ売らなきゃいい」と言われた場合をイメージしてみましょう）。

心根が善意である人の中にある「中立正義論」的なものを解剖してみると、いくつかあるその心理には、少なくとも以下の二つのものがあると思います。ひとつは「（何者でもない）自分が正しい／正しくないの判断をするのは傲慢なのではないか」という、（時には必要になる）謙遜的態度からくるもの。もうひとつは「（何者でもない）自分が上位の存在に楯突くことなんか畏れ多くてできない（し、もし楯突いたとしてもなにも変わらないだろうから無駄）」という、権力構造に完全に飲み込まれて身動きがとれなくなってしまっているもの。これらは、どちらも「強者が搾取可能な環境を維持する」ことにしかならない心理状況であり、結果として同様の効果を持つ振る舞いになってしまいます。

もちろんどちらの心理状況も、差別に抵抗することが「勇気のいる」振る舞いであることを証明するものでもあるわけで、差別への抵抗が簡単に実践可能なものではないことを私も日々身をもって実感しています。ですが、ここまで本書を読み進めてきてくれた人ならば、そのための勇気はすでに手中にあるのではないでしょうか。

私たち本屋は、自分のためにも他者のためにも「こんな本は置かない」と言うことができるのです。出版業界という構造における弱者として、あるいはより大きな日本社会という構造における強者として、抵抗と責務を同時に実践することができるのです。もちろん、本屋である前にひとりの人間として、さまざまな構造における弱者／強者としての抵抗／責務を実践することができるわけです。

私たちは誰もがみな「何者でもない」のです。時には強者になり、時には弱者になるのですから。ゆえに、その移動／変化の中で、その都度「どのような振る舞いが正しいのか」を思考し選択していくことしかできません。だからこそ「自分が正しい／正しくないの判断をするのは傲慢なのではないか」という視点は常に忘れてはならないし、同時に、誰もが何者でもない以上「楯突くことなんか畏れ多くてできない」上位の存在なるものも本当は存在しないのです。

そして、そのような「心根が善意」である私たちは、この社会にたくさん存在しています。勇気を持って、一歩を踏み出しましょう。あなたを支えてくれる私たちが、どこにだってたくさんいるのだから。

横《おう》臥《が》者《しゃ》としての本屋

アライであるということは、このようにとても難しいことであるのは事実です。しかし、難しいからこそ「アライであろうとする人たち」もまた日々失敗をしながら、試行錯誤を続けているのです。そういった意味では、失敗を恐れすぎずにまずは一歩踏み出してみる、そしてそのフィードバックを他者からもらい、次の実践に生かすという循環の中に入っていくことは、想像よりは簡単なことだとも思っています。初心者がやりがちな失敗は、そこにいる誰もが通ってきた道なわけです。優しく教え諭し、導いてくれる存在がかならずいるはずです。

とはいえ「どのように？」というのは知りたいところかと思います。具体的な方法論、実践例を知ることができれば、まずはその真似から入ることができるからです。ただ実際のところ、ここまでなにかわかっているような口振りで書いてきた私自身が試行錯誤の最中なわけで、さらに言えばどのような状況でも正解になる万能解のようなものも存在しないわけです。なので

新入荷
日蓮の手紙
うちの父が運転をやめません
宗教2世

ここでもうひとつ、重要な概念であり実践の役に立つかもしれないものを提示しておきましょう。「横臥者的視点からの共感」というものです。なんかかっこいいこと（キーワード）を書いてしまいましたが、これもやはり引用で説明をしましょう。引用とはつまり「巨人の肩に乗る」の実践です。

> 脆弱性を認識するというのは、上から目線で〝助けてやる〟のではなく、自分たちのなかにある弱さを引き受けて〝共感する〟という横臥者の態度である。（小川公代『ケアの倫理とエンパワメント』講談社、144頁）

これだけではわかりにくいので、この引用文の参照元となっているヴァージニア・ウルフ『病むことについて』（みすず書房）も一緒に見てみましょう。

> この経験は人には伝えられないし、こうした言葉にならないものが常にそうであるように、病人自身の苦しみは、友人たちの心に、彼らがかかったインフルエンザ、彼らが味わった痛みや苦しみを思い出させるだけなのだ。（77頁、傍点は原文）

私たちは共感を「他者の感覚を理解する」といったようなニュアンスで理解し実践していると思います。しかし実際のところは、ウルフが言うように自分（の経験）というフィルターを通してしか世界を見られないのが人間である以上、共感もまた、他者の感じているものごとを「そっくりそのまま」受け取れていることを意味してはいません。あくまでも自分目線でしかない共感（のようなもの）なのであり、それは嫌な言い方をすれば自己満足でしかないのかもしれません。そして、その自己満足が前面に出てしまったときに、上から目線の「共感」、つまり上から目線の「助けてやる」が生じ、ケアされる側に得も言われぬ不快感を残してしまうのかもしれません。

となると私たちができることは、というよりすべきことは、まず「私たちはみな、完全にわかりあうことはできないのだ」ということを前提とすることなのではないでしょうか。私たちには「共感もどき」しかできない。だからこそ、相手の話を「そのまま受けとめる」ことが必要になるのだと思います。つまり横臥者＝横たわっている者（ウルフの文脈では病人）と同じ目線になること、決して直立人＝健康な人として上から目線で接してはならない、ということです。「私はあなたのことを完璧に理解できる」という直立人的勘違いは、「私は差別をしていない」という悪意なき人（＝心根が善）である私たちがしでかしがちな勘違いと、構造は同じです。

この横臥者的視線、あるいはケアの概念は、発祥地であるフェミニズムの文脈でそうであるのはもちろんのこと、その延長線上でさまざまな分野においてその重要性が意識されるようになっています。たとえば清水晶子『フェミニズムってなんですか？』（文藝春秋）では、政治の世界での意識の変化について言及しています。

これまでリーダーの資質として重視されがちだったのは、力強さや決断力といった伝統的には男性性と結びつけられることの多い要素でした。けれども、伝統的には女性性と結び付けられてきた資質、たとえば弱い人や困っている人へのケアを重視するとか、常に自分が前に出て主張するだけでなく、人の話を受け止めるとか、そういった点で優れたリーダーがいてもいいのではないか、と考える人は増えているように思えます。（93頁）

力強さや決断力に対する過剰な信頼は、時として直立人的＝上から目線で共感を伴わない振る舞いを引き起こしてしまうことがあります。強力なリーダーシップとは、裏を返せば「取り残される人がいる」ことでもあり、その容認でもあります。それはつまるところ「気にせずに済む人＝マジョリティ」の存在のみを意図的に認知し、逆に「気にせざるを得ない人＝マイノリティ」の存在を意図的に忘却することとも言えます。ものごとが（あまりにも）簡単に／素早く進んでしまうときには、取り残されている＝ないことにされている存在があると考えるべきでしょう。

この考え方・視点は本屋にとっても重要なものであると考えています。とくに「常に自分が前に出て主張するだけでなく、人の話を受け止める」という部分です。私たちは誰もがみな万能ではないですし、もちろん全知全能でもありません。そんなことはわかっているからこそ「自分が正しい／正しくないの判断をするのは傲慢なのではないか」とも思うわけで、ゆえに差別やヘイトへの対応にも二の足を踏んでしまうのかもしれません。

ですが、だからこそ、人の話を受けとめる＝当事者の話を聴くということがまずなによりも優先されること、大切にされることが必要とも言えます。そして本は、まさにその当事者の声そのものです。その声に耳を傾けること（＝選書し、棚に置くこと）は本屋の仕事であり、権力勾配の観点も考慮に入れるならば、優先して聴くべきなのは社会的に／構造的に弱い立場に置かれてしまっている人の声のはずです。マジョリティの声は、とくに優遇せずとも自然と届いてしまうのですから（ゆえに優遇されているとも思わない、というのもマジョリティであることの証と言えるでしょう）。

そして、当事者の声を受けとめることは、そのまま自らの知識や経験を豊富にすることにつながります。つまり自ずと判断力もついてくるということです。結局のところ、差別やヘイトへの毅然とした対応ができない原因のひとつには、自分の判断（＝これをヘイト本と定義して批判すること）が正しいと思えるだけの根拠がない、ということなのだと思います。ここでの根拠とは、すなわち知識であり経験であり、そのどちらもマジョリティである私たちには自分自身が身をもって得ることのできないものです。私たちは当事者にはなれないのです。ゆえに、当事者＝他者の声を聴かなくてはなりません。そしてその声を聴ける環境に、本屋はあるのです。私たちはいつだって横臥者になれる。完全にわかりあうことはできないことを知ったうえで、それでもなお同じ視線で世界を見ようと試みる。本屋はそのための知識、経験、実感、そのほかさまざまなエッセンスを得ることができる場所になりうるはずです。私たちにその意思があれば。

誰とともに笑うのか

横臥者としての視線を持てるようになると、笑えない冗談に気がつくようになります。

集団間の関係においても、同じような現象があらわれてくる。人は自分を同一視する集団に優越感を持たせる冗談、すなわち自分とは同一視しない集団をこき下ろす冗談を楽しむ。もしも相手の集団に感情移入してしまうと、その冗談はもはやおもしろくなくなる。あくまでも相手を自分と関係のない人、あまりたいせつでない人だと想定しているからこそ、冗談を冗談として楽しむことができるのだ。（『差別はたいてい悪意のない人がする』93頁）

横臥者としての視線を持つ対象が増えるほど、すなわち自分自身と同一視する集団＝自分が所属していると思える集団が増えることになります。友だちや家族が馬鹿にされたら腹が立つのはこのような仕組みからです。つまり、それは「私が馬鹿にされた」のと同じである、と感じているということです。自分事なので怒りを覚えるし、自分を含めた仲間を守ろうとも思える。とてもシンプルなことです。

マジョリティ＝気にせずに済む人からアライに、あるいは横臥者になるというのは、つまるところ「気にすることができる人」になるという点で、同じ文脈の上に乗っているのかもしれません。私たちはどうやったって、すべての問題について「気にせざるを得ない人」にはなれないし、ゆえに完全な共感はできない。ということがわかっているからこそ「気にすることができる人」に意識的になる必要があるのです。人として、本屋として。

気にすることができる人になると、笑えない冗談＝差別やヘイトに加担するものが至るところに存在していることにも気づくようになります。その視線であらためて本屋（の棚や店内）を見たとき、あなたは自分がここ（＝本屋）にいることを拒絶されているように感じるかもしれません。お前はここに来るな。お前にとって居心地のいい場所であるつもりなどない。ここにお前の居場所はない。そういった意思を「感じとらざるを得ない」人の視線を、あなたは得ているかもしれません。同時に、自分がその意思に知らず知らずのうちに加担していたこと、笑えない冗談に笑ってしまっていたことにも気づくのかもしれません。

それは祝福すべきスタートだと思います。もちろん、無自覚的にとはいえ、これまでに踏みつけてきてしまった存在がたくさんいることへの罪悪感はあってしかるべきですが、(その罪悪感を糧にして)これから自分がどうするかに目を向けることは、反省の気持ちと両立することです。社会/構造に差別が組み込まれてしまっている以上、私たちは誰もがみな差別をしています。その罪から逃れることはできませんし、逃れようとするその過程で誰かの足を踏むこともあります(女性差別に反対する過程でトランスジェンダー差別に加担してしまったり……etc.)。だからこそ、私たちは失敗しながらやっていくしかないし、それゆえに私たちは、そうやって試行錯誤をくりかえす私たち自身に対して、横臥者としての視線を向けることも可能になるのではないでしょうか。自分に優しく、他者にはもっと優しく。最後の最後に道徳っぽいことを言ってしまいました。が、これが意味=実効性を持つようになるのはやはり構造の存在、道徳だけでは解決しないものごとがあるということを理解してからであることに変わりはありません。

そのひぐらし商会

6

出版業界もまた
差別／支配構造の中にある

ここまでは主に本屋の責任＝本屋への批判について書いてきました。しかし本屋には本屋の事情もあり、「そんな無理難題で批判されても……」と負の感情を抱いてしまう人も多くいるでしょう。私たちのあいだにあるこの「わかりあえなさ」のようなものも、実は差別や支配の構造が原因のひとつです。私たちは敵どうしではないこと、立ち向かうべき相手はなんなのか。それを考え理解するだけで、見えてくる景色は変わってくるのではないでしょうか。

当たり前＝差別構造の場合がある

この社会に差別（の構造）があるということは、出版業界もまたその構造の中にあるということです。そのうえ出版業界は、ほかの章でも触れたように「出版社―取次―本屋」という川上―川下的構造であるため、よりいっそう差別や支配が起きやすい環境にあると言えるでしょう。やはりここでもあらためて言っておきますが、差別は意図がなくても生じるもの＝構造がそうさせるものなので、業界内にいる誰もがこの状況から逃れることはできません。

ここに至るまでの各章で、いろいろと批判をしてきました。その批判に対して「そんなこと言ったってしょうがないじゃないか」と各々の内なるえなりかずき（ホリ）が物申していたかもしれません。そうなんです。しょうがないんです。だって構造の中にいるから。構造は非常に強く、ひとりの人間がどうにかできるものではないから。

でもそうやって逃げていても状況は変わりませんし、立ち向かうしかないのもまた事実です。とくに本屋のみなさんは、業界内の理不尽な構造を日々目の当たりにしていて、そのたびに立ち向かっているのではないでしょうか。あるいは立ち向かわざるを得ないとも言えるでしょう。私たち本屋は、この文脈においては「マイノリティ＝気にせざるを得ない人」なのです。ではどうやって抵抗していけばいいのか。まずは構造がどうなっているか＝自分がどのような状況にあるかを理解することからです。

さっそくですが「理不尽」の具体例からみていきましょう。たとえば「超人気商品の予約問題」など、とくにチェーン書店勤務の人なら首がもげるほど頷《うなず》いてしまうのではないでしょうか。ジャニーズ関連の雑誌や特典付きのコミックなど、発売前から予約が殺到して店員もお客さんも大混乱する、というのがここ数年よく見られる光景です。お客さんはよろこび勇んで予約しに行ったら、本屋に「入荷が確約できないので……」と言われてしまう。本屋は、本屋であるにもかかわらず、まったくもって初耳の新刊情報を（出版社や芸能事務所のＳＮＳから情報を得た）お客さんから教えられ、慌てて対応をする。なぜこんなことが起きてしまうのか。

まずは告知方法の問題です。出版社が本屋に刊行告知をして、その際に提供された情報からある程度の事前予約を本屋がする、という流れが確立していればこのような事態にはなりません。とくに定期刊行物である雑誌などは必要な冊数の予測も立てやすく、事前発注ができていれば「何冊までは予約を受けてＯＫ（超えた場合は確約せず受ける）」といった対応をお店全体で共有したうえで対応ができます。しかしこれができず、というか刊行情報そのものすら「今はじめて聞いた」というような場合が多く、そうなると文字通り「なにもわからない」まま対応せざるを得なくなります。その場合、推しが特集される雑誌を絶対に手に入れたいから予約しに来店したのに、確約できないと言われてしまうお客さんの気持ちを本屋はすべて引き受けることになります。焦り、失望、そして怒り。時としてそれは「悪質なクレーム」と本屋が感じてしまうほどの激烈な反応をもたらす場合もあります。その際に本屋が受けるあらゆる被害（経営的な損失や心身の疲弊）の責任は、誰がとってくれるのでしょうか。

超人気商品の場合、ここに転売問題も加わってきます。悪質な転売目的で予約（購入）をしてくる人の対応もまた、現場である本屋に丸投げなのが現状です。購入冊数制限のお願いを聞いてくれない人、鳴り止まない電話への対応でほかの仕事ができない、レジ対応が遅れそれもまたクレームとなる、こういった「損失」は数字にはあらわれにくく、その現場にいない人には見えないものでもあります。しかしそれらは実在する損失であり、被害であり、構造がもたらす差別や支配が生み出すものです。

こういった状況は、もはや本屋にとっては「当たり前」となってしまった仕事の中にも存在します。雑誌の付録組み・紐《ひも》かけ（袋詰め）などはその典型です。出版社や取次から送られてくる雑誌は基本的に剝き身の状態で、お客さんが目にしているあの状態は本屋がこしらえているのです。開店前、ほかの作業を後回しにして雑誌の開梱&紐かけ作業にいそしむのが（雑誌の入荷がある）本屋の日常。そして紐や袋は本屋が用意しています。立ち読みでの読破や付録の盗難を防ぐためにつけられ、購入したらすぐに捨てられてしまうそれらの費用負担は、すべて本屋がしているわけです。しかも売れずに出版社に返品される場合はその経費分が無駄になるわけですから、出版社や取次からの配本が前提となっている状況では、なおさら理不尽とも言えるでしょう。ただでさえ利益率が低いというのに……。でもこれが「日常」となっているので、いまここでこれを読むまで、そのおかしさに気がついていなかった書店員も多いのではないでしょうか。だってそうするのが普通だったし、先輩からもそう教わったから……（でもその「構造」、まさに差別や偏見の生じる典型例ですよ）。

どっちを選んでも本屋は怒られる

返品というワードが出てきたので、ここで本屋が差別・ヘイト本を論じる際によく見かける「（嫌なら）返品すればいいじゃないか」という意見についても、業界の構造という観点から考えてみましょう。

この意見は「ヘイト本を本屋がどう扱うか」という問題が話題になるとかならず出てくるものです。基本的には、差別・ヘイトに反対する側の人が、そういう本を置いている本屋に対して投げかけるものであり、個人的には「その通り」だと思うものです。しかし、ここには書店員個人では抵抗しきれない構造があるのです。返品すると本屋は取引上不利な状況に陥る可能性がある、という構造が。

「配本で勝手に入荷してきたものだから自分の意思で仕入れたものではない。だからヘイトに賛同しているわけではない」という本屋の反論に対して、一般の人は「だったら返品すりゃいいじゃないか」と至極当然のことを考えます（つまりこの意見自体はなにも間違っていない）。しかし本屋からすると「そんなことはわかってるんだけど、そんな簡単なことじゃないんだ……」という場合もある、ということです。本当にふざけた話なんですが、返品率が高いと仕入れの条件が悪くなることがあるんです。

基本的に、大手出版社の本が新刊として刊行されるときは「配本」で入荷してきます。本屋側の事前指定が可能な場合のほうが例外です（これは雑誌も基本的には同じで、人気商品になればなるほど本屋側の裁量は少なくなります）。つまり、配本される本とその冊数を本屋はコントロールしにくいうえに、売れなかった結果としての返品に対しても罰をくらう環境になっている場合があるわけです。売れない（売りたくない）本を勝手に配本されて、売れず（売らず）に返品したら以降の配本に影響が出る、つまり売れる（売りたい）本が手に入れにくくなる。

ヘイト本の文脈ではもうひとつ、本屋が「置かない（返品する）」という選択肢をとることを難しくする状況があります。従業員の安全確保という観点です。とくにＳＮＳで炎上した＝話題になった本の場合、置いてあっても置いてなくてもお店に負担がかかる状況になってしまいます。あえて嫌な（そしてダメな）言い方をしますが、置いてあることにクレームをつけてくる人も、置いてないことにクレームをつけてくる人も、本屋からすればどちらも負担になる存在です。「自分の意思で仕入れたわけじゃない、勝手に送られてくる本の所在について、なぜあれこれ言われなくてはならないのだろうか」という思いは、正直なところ存在しています。そして、どちらかといえば「（ヘイト本を）置いてない」ことについて文句を言ってくる人のほうが怖いですし、実際にお店に来たり電話をかけてきたりしてほしくないので、それを避けるために「置く（置かないという明言はしない）」という判断になる場合もあるでしょう。

店長として従業員の安全を守る義務がある場合、この悩みはさらに深いものになるはずです。自分の本心としては置きたくないが、置かない（と明言する）ことでクレームが入ってしまった場合、そしてそれが自分がいないときだった場合、危険な目に遭うのは従業員になるのですから。しかも従業員の中に差別やヘイトの被害を受けている（可能性をもつ）人がいる場合、より事態は深刻です。置くこと自体がすでに加害ですし、逆に置かないことによるクレーム対応をその本人がすることになった場合でも、その恐怖は計り知れないものになるでしょう。

どちらをとっても加害（被害）になる。なぜこれが「本屋の責任」になるのでしょうか？そもそもそんな本を出版社が出さなければいいだけの話のはずです。いや、出すこと自体は百歩譲ってよしとしましょう。ならば本屋に「配本」せず、自社で直販すればいいだけの話です。売りたくない本を拒む権利、なぜ本屋にはないのでしょうか？　出版社は、作りたくない本は作っていないですよね（もちろん社員として作りたくない本を作らざるを得ない状況はありますが）。

本が売れないのは本屋のせいではない

こういった「構造」の中にあることで、私たち本屋の加害が免罪されるわけではありません。しかし私たちは加害者であると同時に被害者でもある、ということは認識しておくべきです。なぜなら、その認識を持つことこそが、（加害者に対する）批判をする権利を私たちが持っているということの自覚につながるからです。私たちは自己責任論をこじらせすぎています。なにもかもを自分のせいにして、差別・支配・搾取構造の上位にいる存在への批判を飲み込むのはもうやめましょう。つまりこういうことです。「そんなこと言ったってしょうがないじゃないか」と言わせる構造をつくっているのは誰なのか。その対象を的確に見極めて、批判をする。そうすることで自分も、そして自分に対して批判をしてくる（つまり構造のより下位に位置する）人をも、その構造の中から救い出せる可能性が生じるということです。

より広い視点から見れば、ここで上位存在＝加害者とされていた出版社もまた被害者となる場合も存在します。そして出版社のナカノヒトとして働いている人もまた、会社―上司―自分という構造の中でもがき苦しんでいるわけです。なぜヘイト本を出した出版社というだけで、その本にはかかわっていない自分までもが批判されなくてはならないのか。そう思っている人は多いでしょうし、むしろそうであることを信じています（そう思うということは少なくとも「ヘイト本など自分は作らない」という意思があるからですよね?）。もちろん、自社に対しても毅然と批判をするところまで到達してほしいのが理想ですが、誰もがみな「そんなこと言ったってしょうがないじゃないか」の中にあるわけですから、その制限の中でやれることをやっていくしかないのもまた事実です。だからこそ、構造を的確に見定めること。そして、その構造に無自覚に乗っからないこと。私たちの敵は「構造」であり、その中でおこなわざるを得ない「振る舞い」であり、決して「その人そのもの」ではない。それがわかっていれば、自分に対する批判の受けとめ方も変わってくるのではないでしょうか。

もはや出版業界のみならず、日本社会全体がこの差別・支配・搾取構造で成り立っていると言っても過言ではないでしょう。そんな状況にある以上、ヘイト本が刊行される（そしてそれがある程度売れてしまう）のも当然のことかもしれません。でもそんな社会では、常に私たちは虐げられ苦しむ側のままです。差別・支配・搾取構造で成り立っている社会の中でいい思いができるのは、差別・支配・搾取に罪悪感を覚えることのない悪人のみ。そもそも本が売れないのは私たちにお金がないからであり、私たちにお金がないのは政治の無能あるいは悪意が原因です（これもまた「構造」のひとつですね）。決して、私たち本屋の努力不足＝魅力的な売り場づくりができていないからとかではないのです。そしてヘイト本が刊行されるのも、そういう空気を政治が率先してつくっているから。つまり、本（屋）が生き残る世界をつくりたいなら、政治＝社会をまっとうなものにすることです。これは極論でもなんでもなく、むしろいちばんの近道、あるいは王道です。

まずは身近なところから、できる限りの抵抗をしていきましょう。お店で、ＳＮＳで、あるいは布団の中で。おかしいと思うことに対しては遠慮なく批判を。いや、あえてこう言いましょう。私たちはもっと気軽に文句を言っていい、と。なぜなら、その文句は自分以外の誰かのことも、とくに自分よりも弱い立場にある人のことも救うことになるから。自分に優しくすることが、他者への優しさになることもあるのです。

7

セーファースペースとしての本屋

本屋にはセーファースペースとしての可能性があります。しかしこれは「すでに誰かを排除している可能性」があることをも示していますし、かつその実践は非常に難しいものです。セーファースペースとはなにか、そして本屋における排除がどのようになされてしまっているかを考えるうえで重要なテーマとなる「まなざすこと」について、考えてみたいと思います。私たちはどのようなまなざしを他者に向けることができるのか。そのまなざしは過去から現在そして未来へと続くものであり、それこそが本（屋）の本質なのかもしれません。

セーファースペース≒ユートピア

本屋にはセーファースペースになれる可能性があると考えています。あるいは、なるべきだとも言えるでしょうし、そもそも本質的にそうである／あったとも言えるのではないでしょうか。まず、セーファースペースとはどのようなものなのかについて、私がその概念を知った本、堅田香緒里『生きるためのフェミニズム――パンとバラと反資本主義』（タバブックス）から引用しつつ紹介していきましょう。

セーファースペースとは「差別や抑圧、あるいはハラスメントや暴力といった問題を、可能な限り最小化するためのアイディアの一つで、『より安全な空間』を作る試みのことを指す」とあります（167頁）。しかしなぜ、セーファー（safer）という比較級が選択されているのでしょうか。safeでもなく最上級のsafestでもない、比較級（＝より安全な）。実はここにこの概念の本質があるのです。

この概念は社会運動の場から誕生したと堅田は述べ、その具体例のひとつとして反グローバリゼーション運動[*1]をあげています。たとえばG8サミットなどが開催される際に、かれらは反対運動を現地等でおこなうわけですが、「当然そこには、同じような志を持っているとはいえ、ジェンダーや階級、エスニシティや言語、セクシュアリティ等において、様々に異なる社会的背景を持つ人たちが一堂に集まることになる」（170頁）わけです。となるとそこでは、たとえ社会正義を求める人たちの集まりだとしても、さまざまな衝突や軋轢《あつれき》、そして差別も生じてしまうことになります（差別が構造的なものであることを思い出しましょう）。

そういった状況下において、いかにして差別や抑圧をなくしていくのか。そのために提唱されたのがセーファースペースという概念であり、目標なのです。そしてセーファーという比較級であることに込められた意図が、よりいっそう大切なのだと思います。

第一に、すべての人がいつでも安心できるような完全に安全な空間など存在しないということ、そして第二に、だからといって「じゃあ、無理だ」と諦めてしまうのではなく、それでも〝より安全な〟空間を共同して作り続けていくということ、である。セーファースペースとは、様々な社会的背景を持つ人が集まる場において、互いを出来る限り尊重し、暴力や差別を最小化し得る空間を構築していくための、終わりのないプロセスなのである。（170頁）

＊1　企業のビジネスが国境の枠を超えてなされるようになること（＝グローバル化）のデメリットのひとつとして、多国籍企業による発展途上国の搾取や環境破壊などが生じやすくなっていることを指摘、その改善を主張する運動であり、新自由主義批判ともつながる。オルター・グローバリゼーション、グローバル・ジャスティス運動などとも呼ばれる。

これはまさにユートピア的発想であり、その実践です。完璧は存在しないし、それゆえに固定もされない。決して到達することはないが、到達することを諦めた瞬間にその存在は消失する、そういった場所を目指して歩み続けること。

そして、ユートピアにはあらゆる人々が存在していて、そのすべてが尊重され幸福である状態を維持していなくてはなりません。つまり、そこには「いないことにされている」人は存在しないはずなのです。この点でもセーファースペースの概念と共通しています。

セーファースペースとは、差別や暴力の「サバイバーを中心に据えた」空間であり、それゆえ、これまで「その声を聞き取られてこなかった人」、「存在しないことにされてきた人」そして「忘却されてきた人」たちのための空間である。(174頁)

もちろんこれは、わかりやすい差別や暴力の被害者(となりうる人々)だけに適用される概念ではありません。私たちはみな、誰もがマジョリティでありマイノリティ、加害者であり被害者です。ゆえに誰もが尊重される状況/場所を目指すことが、その解決への最短距離となるのです(やはり到達することはないのだけども)。

しかし残念ながら、やはり構造=社会はそうなってはいません。私たちが気づくことができていない「排除」が至るところに存在しており、しかもそれが設計段階から無自覚になされている場合もあるのです。たとえばレスリー・カーン『フェミニスト・シティ』（晶文社）において、女性は街を自由に「ぶらつく」ことが難しいこと、それは街や建造物の設計がそうさせているのだということが指摘されています（同書93頁）。

この「排除」にはもちろん本屋も加担しています。差別・ヘイト本が置かれていることはもちろんのこと、狭い通路や段差のある入り口などは歩行に難のある人が本屋を「ぶらつく」ことを制限するでしょうし、背の高い本棚は子どもや背の低い人の視線的な「ぶらつき」を制限しているはずです。静かな／綺麗な店内は子連れのお客さんを遠ざけているかもしれませんし、いい感じの音楽が流れている店内は聴覚過敏の人を遠ざけているかもしれません。本や本棚の匂いに誘われてやってくる人もいれば、そこに含まれる極微量の香料や化学物質で気分が悪くなってしまう人もいます。というように、考えだしたらキリがないほどに「排除」の可能性が存在しています。もしかしたら、千葉ロッテマリーンズファンであることを公言して憚《はばか》らない当店には、阪神タイガースファンは入りにくいのかもしれません。

だからといって「どっちつかず」の態度をとってしまうのも違います。なにかを選択すればなにかが排除される、ゆえにどちらも取らない、するとどちらも排除されることになるのではないでしょうか。この場合、選択したのは「自己保身」であり、セーファースペースでもなければユートピアでもない、というよりディストピアへの一歩を踏み出したと言ったほうがいいでしょう。ようするに、「自分さえよければいい」をオブラートに包んで実践しただけなのですから。

見られないことの安心感

ならばどうすればいいのでしょうか。あまりにも難しい問いと実践に絶望しているかもしれません。でも、絶望しているということは「できるようになりたい」という意思があることの証です。その意思がない人間は絶望はしません。ただただ冷笑するのみですから。

希望するがゆえに絶望する私たちですが、その希望のよすがとなるもののひとつが「声を聴く」という行為です。いないことにされてきた人たち、忘却されてきた人たち、そしてもうすでにこの世にいない人たちの声を聴くということ。そこに私たちの希望があるのであり、それはまさに本を読むという行為そのものにほかなりません。ゆえに本屋はセーファースペースとなり得る場所であり、ユートピアとなり得る存在なのです。

ここでキーワードになるのは「視線」です。見る／見られるという関係性だったり、見られていることによる安心感／恐怖について、本（屋）を舞台に考えてみましょう。少し遠回りになるのですが、前述の『フェミニスト・シティ』に面白い記述があったので引用し、そこから始めてみようと思います。

若年女性は逆説的にも街の通りのような公共空間をプライベートな場所と捉えている。なぜなら、そうした空間でこそ、彼女たちは両親や教師その他の保護者の詮索的な視線を逃れて匿名でいられるからだ。(98頁)

匿名性=「自分は誰からも見られていない」という感覚が安心材料になる、というのは実感的にもよくわかると思います。SNSを匿名で=知人にはバレないようにやっている人は大人でも多いですし、思春期なんかはとくに「親に(外での)自分の言動を把握されたくない」という気持ちは強くなります。詮索的な視線の居心地の悪さは、本好きのみなさんはよりリアルに感じられるかもしれません。「なんでその本読んでるの?」といった疑問を投げかけられる(恐れがある)ことは、時として自分の行動=選書の幅を狭めます。ちょっと背伸びして手にとってみた大人向けの本を読んでいたら「そんなの読んでどうしたの?」と親に言われる……もしかしたら親は「褒め」のつもりで言ったことかもしれませんが、言われた子どもにとっては居心地の悪いものだったりする……なんて経験、あるのではないでしょうか。

もちろん「そんな難しいのまだ早いでしょ（理解できるわけないんだから）」みたいなことを言われるのは腹が立ちますよね。これ、本屋にいるとよく見かけます。あとは、ある種の支配欲のあらわれとも言える「そんなもの読むよりこういうのを読んだほうがいい」というアドバイス（のつもり）もあったりして、大きく分けるとこの二つをよく見ます。そういうときは内心で「あんまそういうことしないほうがいいですよ……」とか、時には「余計なことすんなあんぽんたんめ」とか思ったりしています。なので、当店には子どもが自由に使える「ちょきん」なんてものがあったりするわけなんですが（子どもがひとりで来たときに好きな本が買えるように、月に一回まで自由に使っていい貯金箱が用意されています）。

そしてこの匿名性＝詮索されない感覚＝視線を感じない状況は、大人にとっても重要なものであることは間違いありませんし、その状況を本屋がつくりだすことに成功している場合は多いのではないでしょうか。時に歩いたり、時に立ちどまったりしながら本棚をじっくりと見つめる時間は、とても個人的なものですし、集中状態に入ったときには時間の経過を忘れるほどだと思います。しかし、それが個人的なものであり続けるためには、そして集中状態に入るためには、おそらく「安心」という要素が必須になるはずで、それが阻害されている場合もまた、

残念ながら本屋には多いのです。その要因のひとつが差別やヘイトに加担する本の存在なのはもう、ここまで読み進めた人にとっては言われるまでもないことかもしれません。

やはり何度でも言及しますが、「気にせずに済む人」にとってはなんでもないものでも、「気にせざるを得ない人」にとってはそれは刃になるときがあるのです。つまりこれは「お前のことを悪意の視線でもって見ているぞ」という宣言を、本／本棚／本屋からなされている状況がある、ということです。ヘイト本は、ヘイトの対象となる属性を持つ人に「視線」を強く感じさせます。しかも、その視線のほうがより強い匿名性＝得体の知れない不安を感じさせるものであることもしばしばです。本屋にいるだけで、常に初対面の人から「おい！　お前！」と呼ばれてしまう状況を想像してみてください。しかもその「おい！　お前！」には悪意や殺意がこもっています。あなたは、どの棚に行けば声をかけられずに済むだろうかと悩みはじめます。しかしその声はどこに行ってもついてくるので、次は「どの本屋に行けばいいだろうか」という問いに変わります。

そのくりかえしの果てが、「もう本屋には行かない」になってしまった人がいることを、私たち本屋は直視すべきです（当店のSNSのフォロワーさんにはヘイト被害当事者も多くいて、ヘイト本を無頓着に置く生活圏内の本屋には行けなくなってしまったという旨の投稿をしていたりします）。かれらは安心安全な本屋を求めて遠くの本屋に行ったり、通販を利用することで「本屋に行くこと」ができていますが、前者の場合は余計な交通費と時間がかかりますし、後者の場合は実際に本を手にとって確かめることができません。そのような「負担」を「お客さん」に強いていることを、私たち本屋は知らないでいるだけなのです。

希望となるまなざし（『違国日記』から）

ヘイト本は悪意のこもった視線を、その対象となる人に向けて送ります。その「まなざされる」感覚はおぞましいものなので、それを避けるために本屋から遠ざかる選択をしてしまうのは当然です。しかし本／本棚／本屋は、悪意とは逆の意味合いを持つ視線・まなざしを人々に向けることも可能です。そしてその感覚は、私たちはみな（本屋もお客さんも）すでに知っているものです。「この本の中には私がいる」というような、あるいは「この本は私のために書かれたものだ」というような、そういったまなざされる感覚のことです。視線はかならずしも悪意を纏《まと》ったものではなく、あたたかさを纏ったそれもある。そして、その後者の視線こそが、パブリックな場所をプライベートな場所にすることを可能にするのではないでしょうか。私を傷つける意図のない／私の幸せを願う者によって私はまなざされている、という感覚を抱くことができる場所をいかにして増やせるのか。それを考え実践することが、セーファースペースであるための必須要素なのだと思います。

そもそも本を読むという行為には、「自分がひとりではないことを確認する」というような意味合いがあるのではないかと考えています。もちろん目的はそれだけではないですが、そういった感覚を抱くことができた読書体験は印象深いものになることもまた事実です。それは小説などのフィクションであろうと、エッセイやノンフィクションもの、はたまた硬めの人文科学書であっても同様です。本の中に自分と同じようなことを考えている／経験している存在がいる、その事実は私たちに勇気や希望、救い、癒しといったものを与えてくれます。

そしてまたそれは、本の書き手本人にとっても同様です。読者の「この本の中には私がいる」という実感を、書き手はレビューや書評、SNSでの独り言などからフィードバックされることで、「読者（＝社会）の中にも私がいた」という実感を得る。この相補的な関係性が成立した（瞬間を目撃した）ときほど、本屋として本の意味や役割を強く感じるものはありません。しかもこれは時も場所も超えて成り立つものです。本が残っている限り、その可能性も存在し続ける。これほどロマンティックなことはないのではないでしょうか。死者と生者の境界をも超えていくのが本であり、書き残すという行為の強みです。だからこそ、その強みを「悪意」ではなく「善意」でもって生かしていくことが必要なのです。

たとえば「善意」的なまなざしを感じた物語、あるいは一場面として個人的に印象に残っているのが、ヤマシタトモコ『違国日記』(祥伝社) 7巻での主人公・朝とクラスメイト・千世のやりとりです。医大志望の千世は、ある医大において女子生徒だけ不正に入試の点数が引かれていたことが発覚したニュースを見てショックを受け、学校を休んでいます(この不正入試は現実社会でも起きました)。対して朝は「叔母さんは小説家で　親が死んで超つらくて　音楽的に深みが出ても　いいはずなのにどうして　全然パッとしないのか」という「世にも不幸なはずのわたしは世にも　くだらないことで」悩んでいます(132頁)。

そんななか、軽音楽部の活動で昼休みにストリートライブをすることになった朝は、久しぶりに登校する千世と電車内で遭遇し、それぞれの抱える悩みについていくつかの応答をしたあと、ライブを観てほしいと千世に言います。対して千世は、両親が亡くなったときに自分の人生が終わったと感じたかどうかを訊ねます。*2 朝は「終わってない!!　生きてるから!!」と返します(134-135頁)。

千世が教室で怒りを表明している場面での朝の表情から推測すると、おそらく朝はなぜ千世が不正入試に対して怒っているのかを的確には理解していません(157頁)。ゆえに朝がライブに誘ったのは、たんに落ち込んでいる友人を元気づけたいという理由からのようにも思えます。しかし、そこには「わたしは愚かにも　自分の小さな行動がきっと　世界を変えうると信じていた」という朝なりの思いがあり、昼休みに人前でライブをしたということが、自分の／

まわりの／社会という大きな枠組みの世界になんらかの影響を与えうるのだということを証明しようとしているようにも思えます（158頁）。

中庭で歌っている朝を、千世はその真上の教室の窓から観ています。千世は「世界を変えたい……」と独言し（165頁）、その後ライブを終えた朝に頭上から声をかけ、朝を指差しながら「I witness you」と言って去っていきます（169頁）。「…なにそれ　かっこいい……」と呟く朝は、自分が千世（やそのほかの聴衆）に対してどんな影響を及ぼしたのか、この時点では理解はしていないように思えます（170頁）。

しかし、この一連のできごと（あるいは7巻や物語全体）を通して表現される「まなざす／まなざされる」の関係性は、非常に多くのことを私たちに語りかけています。まず、朝は千世をまなざしています。たとえ千代の怒りや不安の理由を的確に理解できていないとしても、朝は千世を気にかけている。千世もまた、登校時の（あるいはふだんの）やりとりから朝のまなざしを感じ、ライブを観るという行為によってまなざしを返します。朝の意図とは関係なく、千世にとっては朝の「終わってない!!　生きてるから!!」が念頭にあったのかもしれません。ゆえに

＊2　厳密には千世は「両親が亡くなったとき」ということを明言していないが、そのことを指しているのだと解釈したうえで朝は返答をしている。

千世はまだ自分の人生が終わっていないこと、つまり自分の／まわりの／社会という大きな枠組みの世界を変えられる可能性を思い、「世界を変えたい……」という願いを吐露するのでしょう。そして千世は朝に「I witness you＝私はあなたをみていたよ」ということを伝え返すわけですが[*3]、このことによって朝もまた自分がまなざされていたことを知ります。朝にとってこのライブは、千世のためである以上に自分のためであったこともあり、そのまなざしは自分の勇気を振るった行動を肯定してくれるものとして、朝の人生＝世界を変えうるものになったはずです。

そして読者もまた、読者として朝と千世の振る舞いをまなざすと同時に、読者である自分が物語の登場人物にまなざされている感覚をも覚えることになります。朝が（よくわかっていないなりに）振るった勇気も、千世の怒りとショックも、私たちには身に覚えがあるからです。私たちは本を読む＝まなざすことで、本から向けられるまなざしを感じることができる（そしてそのまなざしを他者や世界に向けるための勇気を得る）。それを強く実感する物語だと思います。ぜひ、一読を。

本による生存＝抵抗の可能性

と言いつつ、これだけで終わらないのがこの一連の場面および『違国日記』全体のすごいところです。朝はこの時期、亡くなった母親が遺していた日記を読み進めています。それがどうやら自分宛てに書かれたもののように感じている朝は、説教されている気分になりながらも、母親からのまなざしを時間差で実感しているのだと考えられます。

日記というのはいわば本であり、ごく私的に書かれた本である日記が時を超えて他者（＝朝）をまなざし、そのまなざしを受けた朝が「終わってない!! 生きてるから!!」という感覚を抱き、自分の問いかけに対してそう回答された千世が生者である自分には世界を変えられる可能性があることを自覚し、それを教えてくれた朝に対してまなざしを返す。その影響がどのように波及していくのかは7巻の時点では描かれていないものの、巻末の描き下ろしページでは、千世と本の貸し借りをしていた男子生徒の東郷が、医大不正入試を批判するツイートを緊張しながら投稿する場面が描かれています（172頁）。これもまたひとつのまなざしであり、その場面をまなざす私たち読者がまなざしを返される瞬間でもあります。

このように、本を介したまなざしは時を超え受け継がれ波及していくものであり、ゆえに本

＊3　ここで千世がseeやwatchではなくwitness（目撃する）という単語を選んだこと、そして過去形ではなく現在形を選んだことにも「まなざす」という感覚が強くあらわれているように思える。

は死者と生者を結びつけるものとも言えます。たとえばライター／アナーカ・フェミニストの高島鈴は『布団の中から蜂起せよ』（人文書院）において「私は書かなくてはならない」と宣言します。それは「書かねば拡がらず、書かねば遺らない」からであり、「なるべく多くの人に、私は意思表示をしたい。会話をしたい。未だ見ぬあらゆる隣人に対して、自分が死んだ後まで声をかけ続けたい」と言います（32頁）。その背景には、高島自身が金子文子[*4]という人物に本を通して出会い、その結果アナーカ・フェミニストとなることで自身の生に対する希望を見出したということがあります（28頁）。ゆえに高島は「人生のどこかですれ違う死者、それは近い人であることも限りなく遠い人であることもあるだろうが、そのような死者の痕跡と出会い＝声を聞いたのなら、その声を自らの力で真摯に叙述し直す責任があるはずなのだ」と言い（236頁）、さらに「お前の言葉にそれほどの価値があるのかと思われるかもしれない。価値などなくてもよいと返したい」と主張する（32頁）。本、あるいは書かれた／叙述されたものという形になればその時点でそれは歴史＝過去となり、それを見つけた誰かによって引き継がれていくことになります。つまりそれはひとつの生存であり、高島の最大のテーマである「生存は（それ自体ですでに）抵抗」であるということを、本（屋）が実践できることの証明なのだと思います。

そうやって私たちは本を通して過去＝死者をまなざし、あるいはまなざされ、日々、生存＝

抵抗を可能なものにしていきます。そしてその生存＝抵抗を自らもまた書き残していくことで、その循環＝相互扶助を維持する一助になる。本（屋）がつくるセーファースペースとは、死者／生者の境界を超えてつくられるものなのです。

安心な場所であることを可視化する

つまり、本屋におけるセーファースペースとは「いないことにされている」存在を、あるいはそのまなざしを、本を通して現出させることとも言えるでしょう。「いないことにされている」存在とは、つまるところ「気にせずに済む人」には感知できない存在＝「気にせざるを得ない人」たちのことでもあります。かれらの声を届けること＝かれらのまなざしを本屋空間に存在させること、そして「私はかれらにまなざされている」という感覚を本屋にいる人々に感じさせること。ゆえに本屋は多様性にひらかれているべきであり、同時に差別やヘイトの危険性がない状態を維持することが必要になるのです。

＊4　大正時代のアナキスト。1923年の関東大震災後に逮捕され、のちに大逆罪で起訴、1926年に獄死する。無籍者だったことから自らもさまざまな差別の当事者となっている。著書『何が私をこうさせたか』（岩波書店）などに詳しい。

そのためには、「気にせざるを得ない人」に対して積極的に「ここは安心できる場所です（少なくともそれを実現させる意思がある）」ということを伝えなくてはなりません。あなたの存在を無視しません、あなたのことをまなざしています、ということを理解してはじめて、その人はその場所に来られるからです。当店がＳＮＳなどで日々差別やヘイトに抵抗する主張をしているのはそのためです。たとえ実際にはヘイト本が置かれていない本屋だったとしても、その意思を表明しなければ他者には伝わりませんし、ゆえに安心もできません。それではセーファースペースではないのです。

積極的に主張をすることの意味はほかにもあります。たとえお店には来られない距離で生活を営んでいる人にとっても、差別やヘイトに反対する意思を表明する本屋がたしかにこの世界に存在している、ということを知ることには意味があるからです。それはある意味ではセーファースペースの拡張とも言えるかもしれません。当店の「差別反対」の発信に賛同のいいねやＲＴがつくこと、その数が可視化されていることもまた、あたたかなまなざしの感覚を、差別の対象となってしまっている人々にもたらしているかもしれません。あるいは、そのいいねやＲＴの中には、本当は差別反対の意思表示をしたいけれどまだ勇気が出ないでいる本屋やそのほかのお店の人がいるかもしれません。そのお店が自分の生活圏内にあるものだったら、安心していられるかもしれない場所が増えることになります。

そして差別やヘイトに反対する意思を積極的に表明していくことで、そのような悪意を表明したい欲求を持ってしまっている人はお店に近づかなくなります。少なくとも、お客さんとして来店することはなくなるはずです。買う本もしくは買いたいと思う本がないわけですから。となると、意思表示をすればするほど、お店は安心な場所になっていくと考えられます。万が一、悪意を持った人が来店しても、そこにいるお客さんはともにたたかってくれるはず（お店で、あるいはSNS上で。有形無形問わず各々のできるやり方で）。つまりセーファースペースとは、お店＝運営者とお客さん＝参加者が一緒につくりあげていくものであり、そうすることでより強度を増すものになるのかもしれません。あらゆる場所にて生活／生存している当店のお客さん、いつもありがとうございます。私はみなさんのまなざしを常に感じ、ゆえに生存＝抵抗することができています。

＊5　本文中では引用しなかったが、本章における「まなざし」のイメージについては岩川ありさ『物語とトラウマ』（青土社）からその観点を得た。巨人の肩に乗らせていただいたことを感謝……。

だがし
10円

8

教室としての本屋

セーファースペースはそこに集う人たち全員でつくっていくもの……となるとそこは教室（学校）のような場所なのかもしれません。よき人生を送るための、よき人間になるための、挑戦と失敗を伴った試行錯誤をくりかえすことができる場所。誰もが主体として参加可能で、誰もが安心していられる場所。本屋にはその可能性があるということを、具体例とともに見ていきましょう。

本屋＝学校／教室？

　セーファースペースになりうる存在としての本屋は、時にお客さんとの共同作業によって構築・維持されていくものです。となると、本屋という場所は学校、あるいは教室という場所とも通ずるものがあるように思えます。人とのかかわりによってつくられていく場であるということ、そしてそこは試行錯誤や挑戦の場であり、ゆえに失敗が許される場であるということ。失敗をくりかえしながら日々学びを積み重ねていくことで、自らを成長させていく。あるいは、自らが所属・関係する場所やそこにいる人々との関係性をよりよいものにしていく。これはたしかに私たちが「学校」「教室」と呼ぶ場で経験する／したことの特徴と同じのはず。そう考えると、私たちはすでにセーファースペースの構築・維持のための練習や実践をしているということになります。前章を読んで「なんだかすごいことをしようとしている」と思った人もいるかもしれませんが、そんなことはないわけです。私たちはもうその最中にいる。あとはその自覚をするだけ。そして自覚があるかないかでは、非常に大きな違いがあるのです。

　では、実際に教室としての本屋ではどのような練習・実践がされているのでしょうか。いくつか具体例を出しながら考えてみましょう。ちなみに、生徒になるか先生になるかは自分次第、あるいはそのときの状況次第です。場所が本屋だからといって常に本屋が先生であるとは限らないのが、教室としての本屋の面白いところ。というか、先生だって失敗して学びますしね。失敗できる場所はなくてはならないのです。誰にとっても。

本屋は本屋だけでつくるものではない

まずは選書や棚づくりについて考えてみましょう。これは最もわかりやすい例かもしれないし、人によっては最も意外な例かもしれません。本屋はお客さんから学んでいる（本屋の棚はお客さんが作っている）という話だからです。

厳然たる事実なので（再度）堂々と表明しますが、本屋はお店にある本のすべてを読めているわけではありません。空想独立監査法人〈積読は希望である〉代表・関口竜平の調べによると、自店の棚にある本の95％は未読です（本書をお読みになられている本屋のみなさま、調査にご協力いただけると助かります）。お店の本棚＝自分の積読。罪悪感フリー。積読に罪の意識を覚えがちなみなさま、ぜひ本屋を開業なされてはいかがでしょうか。

ということで本屋である私は時として、いや、往々にして、お客さんよりも本のことをわかっていません。少なくとも、読んだ本の数は本好きのみなさんのほうが多いでしょう。なので私は、ある意味では詐欺師だと言えます。読んでもいない本を「面白いですよ」と言って（いるかのように）並べているわけですから。これは数学の先生が、自分が理解していない、それどころか学んですらいない公式や定理を教えているようなものです。では、なぜそんな離れ業ができるのか（少なくとも体裁は維持できているのか）。

ひとつめの理由は自分由来のものです。本屋の選書はいわば「データベースの検索・引っ張り出し」であり、そのスキル＝質を高めることができれば、「実際にその本を読んでいるかどうか」は、選書の質にかかわる要素としての比率が小さくなっていきます。ようはこれ、「メディア／クリエイターとしての本屋」の章で言及した共有知や「巨人の肩に乗る」ということの言い換えです（本書75頁）。

そしてこのデータベースの中には当然、お客さんも含まれています。とくに常連さんが買った本や、買わなかったとしても会話のなかで言及した本などは、非常に重要なデータとして蓄積・活用されることになります。なぜなら常連さん＝お店の価値観に共鳴している人であり、お店にとってはその価値観＝軸をぶらさない、あるいは強化していくことが最も意識すべきことだからです。会話（これには「買った本」というモノを通じた無言の会話も含まれます）をしていれば、その人が大事にしている価値観や心がけていること、とにかくその人自身の理想とする生き方が見えてくるようになります。それらがある程度お店＝自分の感覚と共鳴しているからこそ常連さんになってくれているわけですから、そのお客さんの買った本・面白かったと言っていた本・不評だった本……etc.はすべて選書に生かせるものになります。

あるいは直接的には本に言及していなくても、こういうのはいいね／よくないねということを表明しているのであれば、それは参考にすべき情報です。とくに現代はＳＮＳも重要なツールとなっていますし、会話は店内のみでおこなわれるものでもなく、双方向のやりとりがないと完結しないものでもありません。お客さんが一方的に「つぶやいた」ものであっても、本屋はそれを会話として認識し、データベースに取り入れるべきものとして受け取ることができるのです。つまりお客さんを介した共有知であり、「巨人の肩に乗る」の実践です。ということでこれが、二つめの理由です。

そして当然のことながら、この選書という作業には失敗がつきものです。失敗にはいくつか種類があり、わかりやすいのは「売れなかった」と「面白くなかった」でしょうか。前者はとくに本屋にとってのものですが、後者は本屋もお客さんもどちらも経験する可能性があるものです。本屋にとっては「買ってもらえたけど面白くなかったと言われてしまった」こと、お客さんにとっては「面白そうだと思って買ったけどハズレだった」こと、といったパターンです。つまり選書は本屋だけがするものではないわけですね。

ですが失敗はそれだけではありません。最も大事《おおごと》、あるいは致命的な失敗とも言えるのが「置いてはいけない本を選書してしまった」というものです。この場合、売れなかったことよりも売れてしまったことのほうが大問題です。つまり、お店のポリシーに反している（ことを見抜けなかったがゆえに棚に並んでしまった）本が、お店のポリシーに共鳴しているからこそ来店してくれている（かもしれない）人によって買われてしまった、ということだからです。当店を例にするならば、トランス排除的な言及があるフェミニズム関連の本などがわかりやすいかもしれません。反差別であるにもかかわらず、トランスジェンダーのことは差別する。そのような本を、セーファースペースを目標に掲げる本屋で買ってしまったということの衝撃は、それが当事者であった場合にはなおさら大きなものになります。実際、当店でもそういった本を気づかずに置いてしまっていたことが事実としてありますし、現在進行形でやってしまっている可能性も当然あります。置いてあるすべての本を読めているわけではないし、読めていたとしても「差別であると認識できている」とは限らないからです（差別とは往々にして無自覚になされるものである）。

この（お店にとっては）罪深く（お客さんにとっては）不幸な「ミスマッチ」は、どちらにとっても損失です。お客さんにとっては当然のことながら、お店にとっても「大事なお客さん（というより、もはや信頼している友人のような存在）を失う」可能性を、故意ではないながらも生じさせてしまったわけですから。これはそのままデータベースの質にも直結します。もしこれをきっかけにそのお客さんが離れていってしまったら、お店にとって大事な情報が得られる存在がひとつ失われることになるからです。それは売上の低下という直接的な損失よりも致命的なものかもしれません。

しかし、この誰にとってもいいことがない事態もまた、お客さんを含めた共同的な試行錯誤によって回避できる可能性が上がるのです。お店で直接会話をしたり、SNSやメールでやりとりしたり、とにかくさまざまな手段でコミュニケーションをとり、指摘をすればいいだけだからです。その本、実は○○への差別的言及があるから気をつけてね。その本に書かれてること、デマの可能性が高いから取扱い注意だよ。こういったことを教えてもらえるだけで、この問題は生じる可能性が格段に低くなります。なので気軽に指摘をしてください。私（あるいは本屋）はみなさんが思っているよりはるかに、なにもわかっていないのです。少なくとも、価値観をともにする相手からの指摘なら、拒絶する理由などありません。本屋の選書の質を高めることは、本屋に集う者全員のQOL（クオリティ・オブ・ライフ）の向上に直結します。しかし、それは決して本屋だけではできないことなのです。

本屋はなんでもできる（やっていい）場所

こういった共同作業は、なにも選書という「本に直接かかわること」だけではありません。

ここで前章でも参照した『生きるためのフェミニズム』から、コレクティブ（集合的）な場所のあり方について言及されている箇所を確認してみましょう。

ドイツ・ベルリンにはヒンメルベエットというコミュニティ・ガーデン（地域住民が共有・自主管理する「庭」）があり、そこではパンを焼くための窯を自作したり（その窯で焼かれたパンは住民でシェアする）、再利用可能な廃材でカフェエリアを設えたりするなど、「ＤＩＹと協働による実験的な実践」がなされているそうです。

このような都市における「庭」は、単なる共同菜園というよりは、自治を軸とした自律的な公共空間でもあり、「誰もがアクセスできる」ことが重要である。ヒンメルベエットも、空間内のほとんどがバリアフリー構造になっており、誰でも無料で出入り出来る。このため、様々な背景を持った人がやってくる——学生、主婦や子ども、トルコ系移民やアーティスト、ホームレス、車椅子ユーザー、そしてもちろん私のようにふらっと立ち寄る旅行者も。「庭」は、階級や人種によって空間や文化が分断されがちな都市の一角で、誰もが集える共同の空間となるのだ。こうして様々な人が集まると、そこには様々な知恵が集約されることになる。種子に詳しい人や料理が得意な人。料理は出来なくても窯の作り方を知っている人。大工仕事や自転車修理が得意な人もいる。なんにもできない人もいる。雑多な人が雑多なものや知恵を持ち寄ったり持ち寄らなかったりして、コレクティブ（集合的）に庭が維持されているのだ。（『生きるためのフェミニズム』125頁）

自分の得意分野を生かせる、あるいは（得意分野にしていくために）失敗してもいい練習の場として活用できる場所があることは、私たちにとってはなによりも希望です（そのような場所は必然的に「なんにもできない／しない人」がいてもいい場所でもある）。セーファースペースにはそのような可能性があり、ならば本屋にもその可能性があるわけですから、積極的に活用・利用していかない手はありません。それに、本は「なんでも扱える」ものでもあります。本屋の棚には（宇宙も内面世界も含めた）世界のすべてが網羅されていると言っても過言ではありません。ならばその本屋でできることも、それと同じだけの幅や種類があっていいはずです。実際、本の刊行記念でおこなわれるトークイベントのジャンルや内容は多岐にわたっていますし、ならば形態もトークイベントだけじゃなくてもいいよね、ということになります。言ってしまえば、どんなことだって「本にかこつけて」やれるわけですし、そうなるともう「かこつける」必要すらないとも言えます。どんなことでもやってみればいいし、とくに本屋はそれが許される場所なのだと考えています。

高橋くん（とNくん）

せっかくなので本屋lighthouseにおける実践例をあげてみましょう。まずは最も本に近いものから。そう、読書会です。まったくもって驚きのない例ですみません。でも当店で開催されている読書会は、成り立ちや運営方法がちょっと変わっているので、そのあたりを紹介したい所存……。

現時点でいくつか読書会が定期開催されているのですが、最もその特徴が強く出ていて、かつ最も初期段階から開催されているものが「高橋くん読書会」です。別名「高橋くん主催読書会」。……ただの表記揺れのような感じになってしまいましたが、ちゃんとした名称があるのかないのかすらよくわからない、というか気にしていない読書会で、これは主催者である高橋くんが「読書会やっていいですか？」と尋ねてきたことから始まっています。

高橋くんはお店が小屋だったころからの常連さんです。たしか小屋の前で鍋をするイベントを開催したときにはすでに顔なじみになっていた気がしますが、とにかく長い付き合いで、お店が移転&文明開化しインフラが整ったあと、先の質問をしてくれたのでした。小屋の前で鍋……の話が気になって内容が頭に入ってこないかもしれないですが、その件はまたの機会に。この段落、情報量が多すぎるので……。

ということで、いつのまにか始まった「高橋くん読書会」ですが、基本的には月に一回・日曜日のおやつどきに開催しています。高橋くんの設定する課題本一冊のときもあれば、「漫画ならなんでも」「今年のベスト」とか大雑把なテーマのときもあります。そしていちばんの特徴が、未読でも問題ないということ。毎回ひとりは未読者《みどくもの》がいます。より正確には「未読担当」がいます。通称・謎の男ことNくんがその担当になることがほとんどなのですが、このNくんもまた小屋時代からの常連さん。気づいたら高橋くんと仲良しになっていて、高橋くんのあれやりたいこれをやろうに巻き込まれています。また情報量が多くなってしまった……。

ちなみに読書会の最中、私はとくになにもしていません。お店はふだん通りに営業しているので、お店の奥にある部屋で開催されている読書会を横目で見ながらレジに座っています。配信参加も可能にするための機材のセットアップをしたら、そのあとはすべて高橋くんに運営を任せ、私は自分の仕事をしたり、ぼーっとしたり、読書会にお客さんとして参加したりしています（未読者担当の場合が多い）。

そうやって外から読書会を見ていると、この会が徐々に成長していることがわかります。たとえば参加人数も、はじめは高橋くんとNくんくらいしかいなかったりしたのが、最近では奥の部屋が密になるくらい集まるときもあります。となると「読書会の常連さん」も増えてきます。未読でも楽しめる会だからこそ参加しやすいという面もあるし、せっかく常連になったのだから、ふだん読まないジャンルやテーマの本でも読んでみるかという気持ちになるという面もあるでしょう。とにかく、そういった空気感をつくりだしていったのは高橋くんであり、高橋くんの運営する読書会に積極的に参加するようになった人たちです。

かれらが意識しているかどうかはわかりませんが、ほとんどお店のナカノヒトと言ってもいいくらいです。というか、私はもうすでにかれらを共同運営者だと認識しています。この読書会は高橋くん（と読書会参加者）の試行錯誤の場であると同時に、本屋lighthouseの試行錯誤の場でもあるわけですから。これがうまく重なっているからこそ、お互いに無理なく続けていられるのだと思います。

ちなみに本屋lighthouseでは定期的に音楽ライブのイベントも開催していて、ここにも高橋くん（とNくん）は演者としてかかわってくれています。もともと「地下にライブハウスがある本屋をやりたい」という野望、もはや無謀を秘めていたので、インフラ完備のお店になってからアコースティックライブのイベントをちょくちょくやっています。ようするにこれも、いつか来たるライブハウス併設本屋のための練習であり、試行錯誤の場なのです。問題は大音量の演奏に耐えうる環境を整えられるような大金がないということと、そもそも埋立地が多い幕張で地面を掘れるのかということです。

意思表明も試行錯誤の積み重ね

やりたいことがあるけど果たしてうまくやれるのかわからない。そういうものごとの試行錯誤の場として存在しているのが教室（学校）であり、その機能を本屋が担うことも可能なのではないか。それが高橋くんにとっては読書会だったし、私にとっては音楽ライブだった（これは音楽制作もしている高橋くんにとってもピッタリだった）。となると、お店にとってはもちろん、お客さんにとっても本屋はそのような場になれるということなので、この「場の共有」は積極的にやっていきたいと考えています。もちろんそのためには、お店のポリシーや体現する価値観などをお客さんが共有してくれていることが必須事項になるわけで、そのためにも日々意識的に、ここはこういうお店ですということを外に向けて発信していく必要があります。当然この発信も練習、試行錯誤の一環だったりします。

とくにSNSでの発信は非常に気を遣いますし、大きな責任が伴うものであるという認識を常に持つようにしています。失敗はつきものだし、それが成長の糧になるのは確かです。しかしだからといって、失敗をいいものとして自分勝手に捉えてはいけないのも、同じだけ（あるいはそれ以上に）確かなことです。その失敗の向こうには他者がいるわけで、その他者に対して与えてしまった不安や傷のことは、決してなかったことにはできないからです。とはいえ、それを恐れすぎて「なにもできない」のでは、自分が成長しないのはもちろんのこと、現在進行形で傷つけられ不安を感じさせられている人のことを守るための発信もできないままです。

この（真面目な人ほど陥りがちな）ジレンマを解決することもまた、本屋という場を介して可能になるのかもしれません。これから書くことは「現時点で（私が）できていること」というよりは、「これから（私を含めたみながが）できるようになるといいこと」という意識のもとでのものです。あるいは「いま（私が）できていたらいいなと思うこと」でもあります。

おそらく本屋lighthouseは、基本的には「たたかう本屋」であり「物申す本屋」である、というような認識がなされているかと思います。差別やヘイトに抵抗し、政治や社会の問題に対しても臆せず意見を表明する、そのようなイメージです。事実としてそういう意識を持って日々実践しているので、こういった印象でお客さんが当店のことを評価してくれていることはうれしいですし、それゆえに信頼して本を買ってくれているのであればなおのことです。

しかし当然のことながら、この実践は最初からうまくできていたわけではありません。なにか言いたいことがあるのだけど、それを言語化できない。言語化できたとしても自信がないし、自信がないから外に向けて発信できない。そのような時期が当然あり、それを乗り越えて意思表明ができるようになったあとには当然「批判」がやってきます。私は常にものごとに対して的確な理解ができているわけではないし、ゆえに的確な意思表明ができているわけでもないし、的確な理解のうえでなされる的確な意思表明＝正しい意見であるとも限りません。思考↓言語化↓意思表明↓受けた批判の取り込み↓思考……という循環作業を、現在進行形で実践しているにすぎません。

そしてこの循環作業は当然、自分ひとりの力（知識・思考・言語化……etc.）で完遂できるものではありません。本はもちろん、ＳＮＳ上でのさまざまな人によるさまざまな発言を読んで、その振る舞いを見て、思考の糧や言語化の材料にして、つまり「真似」をしてきたからこそ、いつのまにか自分自身の言葉で意思表明できている（ように外からは見える）状態になっただけにすぎないのです。

そして、なによりも大きかったのは、そういった先人たちの意思表明や振る舞いから勇気をもらっていたということです。いま、本屋lighthouseの発信に強固な論理や正当性を感じ、勇気づけられている人がいるのであれば、それは私がこれまでに、そして現在進行形で他者（＝なんらかの形で私とつながっている人）から受け取ってきたものがあるからです。私の発信と振る舞いが、私のあずかり知らないところであなたの力になっているのと同様に、あなたの発信と振る舞いも、あなたのあずかり知らないところで私の力になっているわけです。ということでみんな、ありがとう。これからもよろしく。

誰もが参加者＝主体的な存在になれる場所

　こうしてみると、本屋という場所をＳＮＳ空間にまで拡張して考えることも、少々大げさですが可能なはずです。そもそも本自体がテキスト＝文字の集まりであるわけですから、それらの集まる場所は本であり、本屋でもある（ようは3章で言及したようにメディアだということです）。そして本屋は教室であり、セーファースペースとして「ＤＩＹと協働による実験的な実践」が可能な場所である。これを少し言い換えてみると、本屋は誰もが参加者＝主体的な存在になれる場所である、ということになるのではないでしょうか。本を探しに来る、買う、読む、読書会をする、音楽ライブをやる、読んだ本や交わした会話をもとに思考する、その思考を表現する（会話で／紙の上で／ウェブ上で）……。例として挙げきれないほど多種多様なものごとが、主体的に実践可能な場。それが本屋なのだということ。

　レベッカ・ソルニットは『ウォークス――歩くことの精神史』（左右社）の中で、街頭を「民主主義のもっとも大事な舞台」であると言います（３６４頁）。

　ドイツが生んだ偉大な芸術家ヨーゼフ・ボイスは、金言あるいはマニフェストのように「誰もが芸術家である」という言葉を発していた。わたしは、誰もが芸術をつくるべきだ、という意味だと考えていたが、ボイスはもっと基本的な可能性を語っていたのではないかといまでは思う。つまり、誰もが観客ではなく参加者になることができる、誰もが意味の消費者ではなくその生産者になることができる、ということだ（これはパンク的なＤＩＹカルチャーの〈ドゥ・イット・ユアセルフ〉＝汝自身でなせ、という信条を支えるものと同じだ）。誰もがそれぞれの生と共同体の生をつくりだすことに参画できる、ということ。これは民主主義のもっとも高邁な理想にほかならない。そしてごくふつうの人びとが言葉を発することができ、壁に隔てられることもなく、権力者に介入されることもない場所である街頭は、民主主義のもっとも大事な舞台だ。（３６３－３６４頁）

この「街頭」を「本屋」に置き換えてみても、まったく違和感のないパラグラフになるのではないでしょうか。本屋を運営する人はもちろんのこと、本屋のお客さんであるみなさんもまた、ＤＩＹ＝ドゥ・イット・ユアセルフの主体的な実践者になれる。いや、もうすでになっているのです（たとえば高橋くんは、読書会を運営することによって自らの生と共同体［＝読書会］の生をつくりだしている……）。

そもそも本を探す・買う・読むという行為には、「よりよい人生を送りたい」という動機が、本人の自覚無自覚を問わず内包されています。資格を取りたいから買う本も、おいしいご飯を作りたいから読む本も、社会のことを考えたいから探す本も、そしてシンプルに「面白いものを読みたい」から手にしている本も、突き詰めればすべて自分の幸せのためです。そして自分の幸せを追求する行為は、同様に自覚無自覚を問わず政治的な行為です（自分の幸せを追求することが他者の幸せを阻害するのであればそれは問題になる＝利他や民主主義の精神が必要になるわけですから、それは政治の営みと同義、あるいは隣接するものであると考えます）。

つまり、私たちはすでに／常に政治的行動を主体的にしていることになります。本に限らず、生きることのすべてに関してのその都度都度の選択が、私たちの生活＝政治に直結している。本屋＝政治家と捉えた場合、あなたが買った本が本屋の品揃え＝選書行為に影響を及ぼすことは、まさに政治運動の賜物です。本の取り寄せを頼むことは政策に対するリクエストをすることと同じですし、行きつけの本屋を変えたことは投票先を変えたことと同義です。

「政治のことを考える」と言うと難しいことのように感じてしまいますが、本質を突き詰めれば、「自分が幸せになるには？」を考えることと同じですし、それは私たちがすでに／常にやっていることです。つまり実際にはまったく難しくなんかないし、無自覚にできてしまっているくらい簡単なことなので、あとは意識的に実践するかどうかです。面白い本を見つけるぞ、と意識して本を探すほうが面白い本は見つかりますよね。ならば意識的に、「自分の幸せ＝政治・社会を考えること」をやってみましょう。もう一度言いますよ。すでに私たちは政治的な振る舞いをしていますので、あとはそれを自覚的に＝主体的にやるかどうかです。見た目はなにも変わりません。内側が変わるだけ。でも、それが非常に大きな違いなのです。

だからこそ「排除される」存在があってはならない

本屋ではなんでもできる。音楽ライブもできれば、おでんパーチーもできる。となれば本屋で本を「買う」だけではなく「作る」こともできるわけです。お客さんだって「作る」側にまわっていい。というか、すでに購買行為を通して本棚＝品揃えを間接的に作っていますので、直接的に本棚を作ったり本棚に並ぶ本そのものを作ってもいいわけです。実際、神奈川・妙蓮寺にある本屋「生活綴方」には、もはや何名いるかわからない多数の「店番」がいて、その店番が作るＺＩＮＥ（同人誌）がお店に並んでいます。このような例はほかにもたくさんありますし、これからも増えるでしょう。本屋 lighthouse でも、お客さんとして来店していた人がいつのまにか作り手にもなっている、という例が高橋くんたち以外にもあります。

そして、本屋をＳＮＳ空間にまで拡張して捉えるならば、本屋で買った本を読んで得たものを使ってなされるＳＮＳ上での意思表明もまた、本屋における主体的な生産行為と呼んでいいものです。本屋 lighthouse で本を買った人がどのような意思を表明するのか、それは当然Ｓ

NS以外の場＝日々の生活においても実践される振る舞いにつながっていますし、その振る舞い＝生活のためのあらゆる選択行為は社会を形づくるピースにもなっている……というように、すべてがつながり、循環するものになっていきます。

そう考えると、やはり本屋の責任は途轍もなく重大です。本屋が、そこにいる人を主体的な存在として認め、その主体的な行為を促すということは、結果として社会の様相に影響を与えることになるからです。つまり、その主体的な行為がなんらかの意味において「善」であったり「正しさ」を意識したものでなくてはならない、ということです。もちろんその「善」も「正しさ」も画一的なものではないし、各々が考えるそれらに多様性があってしかるべきです。しかし「善／正しさとはなにか」ということを考える、ということは最低限なされていなくてはなりませんし、そのためにはその思考を醸成する場が、誰にとっても安全な場であることが必須になります。なぜなら「なにが善／正しさなのか」を考える場所から排除されている人がいる、そんな状況は確実に「善／正しさ」とはかけ離れたものだからです。

「善／正しさとはなにか」という問いへの回答はどんなものであってもいい、しかしそれを考えたり議論したりする場所には、誰もが存在できなくてはならない。となると、「善／正しさとはなにか」への回答の中にも認めてはならないものが出てきます。それが差別やヘイトであり、それを可能な限りなくすことがセーファースペースの目的であり、教室としての本屋が試行錯誤しながら実現を目指すものなのではないでしょうか。そしてその実践（あるいは努力）には、本屋のみならずお客さんもまた主体的／意識的に＝生産者／クリエイターとしてかかわることが必要になってくるのです。

つまり、本屋は誰もが試行錯誤をくりかえすことができる場所であり、ゆえに誰もが安心していられる場所でなくてはならないのです。それは言葉を換えれば、自分の居場所であると感じられる場所、ということかもしれません。そこは本を買いにいく場所かもしれないし、世間話をするために顔を出す場所かもしれない。友人との待ち合わせ場所かもしれないし、学校帰りにこっそり寄り道して駄菓子を買う場所かもしれない（実際、本屋lighthouseは近所の子どもたちの秘密基地と化している面がある）。それがどんな場所であってもいい。だけど、そこが「（誰にとっても）私のための場所だ」と感じられること、それだけは守らなくてはならない必須条件なのです。もちろん、その「私」には本屋自身も含まれていい。いや、含まれるべきなのです。

本
lighthouse
雑誌
語学
テキスト

9

ユートピアとしての本屋

ユートピアとしての本屋とは、「いまここにすでに存在しているよき場所」のことではなく、これから（永遠に）目指す場所であり、たどり着くために歩み続けること、そのものなのではないか。結果としてではなく、過程としての本屋。私たちの人生のすべてが、私たちの希望と未来につながる可能性にひらかれているということ。暗闇を照らす灯は、すでに／常に私たちのなかにあるのです。

この本は「過程」の話

この本のタイトルとなっている「ユートピアとしての本屋」という文字列を最初に見たときの印象を、みなさんは覚えているでしょうか。おそらく多くの人が「そうそう！ 本屋っていいところだよね！」というような感情を抱きながら、この本に興味を持ったり、手を伸ばしたり、実際にページをめくりはじめたのではないかと思います。ユートピア＝理想郷＝みんな幸せな場所、ですからね。本（屋）が好きな人ならなおさら、そのようなポジティブなイメージとともに、この本にかかわりはじめたはずです。

もちろん、そのこと自体は間違っていないし、悪いことだと責めるつもりもありません。というより、ここまで読んでみるとなんかそういう感じじゃないような気がしてきた……と感じている人がいるのではないか、つまりはじめに抱いた感触と異なるものを感じてくれているのであれば、ここまでどうにかこうにか書いてきた私にとっては、よりうれしいのである、という話です。ユートピアとは「どこにもない、しかしどこかにあることを願って人々はそれを目指す」場所なのだから、その話をするということは「いまここにすでに存在しているよき場所」についてではなく「そのよき場所にたどり着くためにどうすればいいか悩んでいる」ということを語るものになります。ここまで私が書いてきた、そしてみなさんが読んできたものはすべて試行錯誤の話であり、過程の話……。そして、いまこれを読んでいるあなたの現在と未来をよりよいものにするための参照物となる、過去＝歴史です。もちろん、ここでいうあなたのなかには私自身も含まれています。修論同様に、読み返すたび、こいつはなにを言ってるんだ？（理論が甘くないか？）と思うはずです。

ゆえに、最終章だからこそ、現時点でとくに「途上」であると感じていることについて触れておきたいと思います。まだうまくできていないこと、課題だと考えていること、それらを思いつく限り提示して、将来の自分と読者のみなさんに解決してもらおう、という魂胆です。みなのもの、ともに悩もうではないか……ふふふ……。

可能な抵抗の形はある

たとえばヘイト本について。個人の裁量で運営が可能な本屋であれば、「置く／置かない」の判断は、ヘイト本に限らずどの本に関しても自分の意思でおこなえます。もちろんその判断に誤りが生じることは避けられず、そういった点で「完璧な」運営は不可能です。このあたりは各章でたびたび触れてきたことなので、あらためて深掘りするつもりはありません。

同様に、個人の裁量での運営が実質不可能なチェーン店でのヘイト本対応の難しさにも少し触れました。しかし、そこでなにができるのか、つまりどのような抵抗であれば可能なのか、については触れていなかったので、ここで少し考えてみたいと思います。

ヘイト本を置かざるを得ない、という状況にある多くのチェーン店が、いかにして差別やヘイトが蔓延《はびこ》る社会に抵抗していくのか。提案のひとつは、店内に「反差別・反ヘイト」の意思を掲げるための棚を作る、ということです。たしかにヘイト本は置いてある、しかしそれ以上に丁寧に作り込まれた＝作り手の意思を感じる反ヘイトの棚がある。そのことだけでもお客さんが感じるものは大きく違ってきます。これは「置かざるを得ない」だけではなく「置くつもりはないがヘイト本だと見抜けなかった」場合においても同様に、お客さんの感じ方に影響を与えます。差別やヘイトの対象となる属性を持つ自分のことをまったく気にかけていないがゆえの置いてある、つまり「やるつもりがない」から生じている状況と、「やるつもりはある」がそれが完璧にできているわけではないから生じている状況では、後者のほうに希望があることは明らかです。

その場合、ヘイト本を置かないでほしいというお客さんからの要望も、その伝え方が違ってくるかもしれません。前者の場合は「なんでこんな本を置くんですか？（あなたは差別主義者ですか？）」という強めの非難を基盤にしたクレームが来る可能性が高いでしょう。しかし後者の場合、「実はこの本には差別的な内容が含まれているのですが……（もしかしたらそのことに気がついてないだけかも……)」という相談だったり提案のようなニュアンスの意見になる可能性が高いでしょう。実際、当店には前者のような実例は生じていません(もちろん後者の類型は時おり生じています)。それでも、反ヘイトの意思を持って棚づくりをしているにもかかわらず前者のようなクレームが届いたのであれば、それは棚づくり=意思表明がまだ甘かったということかもしれないし、もっと大きな視点で見れば、社会全体での反ヘイトの意思表明が足りていないということです。マイノリティの感じる不安は、たかがいち本屋が店内のいちスペースで反ヘイトを表明したところで消滅することもなければ減少することもない。その厳然たる事実をあらためて突きつけられただけのこと。悪いのは誰でしょうか。ヘイト本を置かないでほしいと言ってきた目の前の人? それは絶対に違いますよね。たたかうべき相手、つまり批判すべき相手を間違えないようにしましょう。

まずは、なんらかの「目に見える」形で意思表明をすること。そして常に学び、批判の声を聞き入れること。その実践を、やはり「目に見える」形でくりかえしていくこと。その先にあるのが、お客さんとともにつくりあげるセーファースペースであり、ユートピアとしての本屋なのだと思います。もちろんその可能性は、どんな本屋にだってひらかれています。

アクセシビリティ①　物理的な排除

本屋におけるアクセシビリティについても大きな課題が残っています。はじめに、背の高い棚。言わずもがなですが、届かない・届きにくい人が確実に存在しています。たとえば絵本・児童書コーナーの棚は低く設定してある場合もありますが、子どもが手に取る本は絵本・児童書だけではありません。実際、当店では小学生が大人向けとされる本を前述の「ちょきん」を使って買うことがままあります。

少し話がズレますが、子どもだからといって「読める」本を（大人が）限定することは避けなくてはならない、ということはきちんと言及しておこうと思います。私たちにはみな同様に「読みたい本を読む（読もうとする）」権利がありますし、大人はそれを実践しやすい環境にあるわけです。具体的には、読みたいと思って買ったはいいものの難しくて積んでしまっている本、なんて誰にも一冊はあるはずです。しかし、本屋にいると子ども連れの親からの「それはまだ早いんじゃない？」という声がよく聞こえてきますし、同時に「子ども向けはあっちだよ」という声も聞こえてきます。そういう大人も、自分の本棚にある「難しくて積んでしまっている」本は、きっと「いつか読むぞ（読めるようになるぞ）」というような希望とともにありますよね。子どもだって同じです。その「読みたい」は大事にしてあげましょう。

流れに沿いつつ話を元に戻しますが、子どもにとっての背の高い棚は、この「まだ早いんじゃない？」を物理的に突きつけられているものとも言えます。もちろんこれは子どもだけではなく、（統計的に）男性よりも身長が低いことが多い女性にも当てはまりますし、当然、平均身長より小さい男性も同様です。あるいは（一時的／継続的に）なんらかの障害を負っている人にとっても、背の高い棚は本へのアクセスがしにくいものとなります。これもまた言い換えるならば、「ここにある本はあなたが読むものではない」ということを物理的に突きつけられていることになります。

届かないからいいや……と諦めてしまった経験がみなさんにもあるはずです。そこには実際に読みたい本があったかもしれないし、本を手に取って中身を見たら読みたくなる本があったかもしれません。その可能性を奪ってしまっているのがアクセスのしにくい棚である。そう考えると、お客さんはもちろん、本屋も出版社も著者もみんなが損をしていることになります。とはいえ（狭い店内で）在庫数を増やしたいという思いもあるし、さらに問題なのが「本棚として売っている完成品」の時点ですでにそうなっている、ということです。とくに業務用として売っている本棚はサイズも大きく、どうしても手が届きにくい場所が生じてしまいがちです。ではDIYでどうにかすればいいか……となると今度は安全性の観点から懸念材料が出てきます（なんだかんだで本棚を作るのは難しいのです……）。なので現状では、可能な限り背の低い本棚を使うことや、どうしても手が届きにくい場所が生じてしまう場合には踏み台を設置するなど、なんらかの「補助」をするのが精一杯です。

同様に、車椅子や松葉杖を使用している人にとっても本屋はなかなかの難所となっています。当然、高い場所にある本は取りにくいですし（踏み台も使えない）、とくに個人でやっている本屋だと通路も狭かったりします（そもそも敷地面積の広い物件を借りることが難しい&そのなかで可能な限り在庫数を確保したいのでどうしても通路が狭くなりがちになる）。そのうえ、賃貸物件だとバリアフリー対応の環境にするための内装工事（段差をなくすなど）も大家や管理会社の許可を得ないとできません。たとえ許可が出ても、工事費用を工面できるだけの余裕が本屋にあるとは限りません（これを本屋自身の責任=貧乏なのが悪いということにはしたくありませんし、すべきでもないと考えています。本屋に限らず、私たちの生活が苦しいのは私たちの怠慢や無能のせいではなく、政治=システム／環境の不具合が原因だからです）。となると、できることはやはり「補助」で、取り外し可能なスロープを準備しておいたり、助けが必要なときは駆けつけられるようにしておく（さらに言えば「助けを求めやすい環境」にしておく）、などが現状でのベター解、となるかもしれません。

アクセシビリティ②　視聴覚的な排除

本屋で開催するトークイベントも定番になりましたが、ここにもアクセシビリティの問題はあります。店内・配信どちらにしても、視覚障害や聴覚障害を持つ人にとっては参加がためわれるものになりがちです。前者にとってはゲストの声以外の情報（＝投影された資料など）は得られませんし、後者の場合は字幕がなければほとんどの情報が得られません。さまざまなアプリを活用することで補助は可能になりますが、現状、お客さん自身がその対応をせざるを得ない状況にあるのがほとんどですし、お店が対応したいと思っていても環境・スキルともになかなか追いつかない状態にあります（たとえば当店ではUDトークというアプリを使って文字起こし・字幕表示が可能な状態にしようとしていますが、２０２３年２月現在では「うまくいっている」とは決して言えないレベルにとどまっています）。

また、これは非常に灯台下暗し感のあるものなのですが、そもそも「紙の本」自体のアクセシビリティがよくない場合もあります。紙の本には音声読み上げサービスはついていませんし、文字拡大機能もついていません。これらの問題は、とくに障害を負っていない人の場合でも同様ですし、「もうこれ以上紙の本は置けない」という物理的な制約に関しては、障害の有無に関係なく全人類共通の悩みとも言えます。なんなら本屋にとっても同様です。本当はあれもこれもお店に並べたいのに、本棚（というかお店）はもうパンパンに詰まっているから泣く泣く諦める……なんてことは毎日のように起きていますので。

この「紙の本のアクセシビリティ」問題に関しては、電子書籍を（紙の）本屋で買えるようにすればいいのではないかと考えています。応援したい本屋があるけど電子書籍じゃないと買えない／読めない、という人は一定数いるはずです。あるいは、基本的には紙で買っているけどコミックは電子書籍にしている、という人はかなりの数いるのではないでしょうか。それに、コミックに関しては売れ筋のものになればなるほど、（個人でやっている）小さな本屋との相性は悪くなります。人気すぎて入荷しない／巻数が増えると棚に入りきらない、などが原因です。電子書籍ならその心配は不要ですし、お客さんにとってもハッピーです。もちろん出版社も作者も。

ゆえに、なぜその仕組みが整えられないのかがよくわかりません。どうやら過去に「本屋店頭で電子書籍が買える」仕組みは試験的に取り組まれ、その結果が思わしくなかったから、ということのようですが、その当時といま（あるいはこれから）では環境自体が激変しています。むかしダメだったからやらない、というのは思考停止にも程がありますので、協力してくれる業界関係者ならびにその意思のある人を探しています。ちなみに現在当店では、各種電子書籍ストアでのアフィリエイト*1という形で、お客さんの電子書籍購入（とそれによるお店の収益確保）を実現しています。利益は微々たるものですが、ないよりはまし。少なくとも、当店のことを応援してくれている（けれどなんらかの理由で電子書籍を購入している）お客さんにとっては、この仕組みがあるべきものであることは明白です。たとえそれが不恰好なものであっても。

本屋というより社会の問題

利益の話が出てきたので、流れのままにその方面のことも考えておきましょう。現状、本屋lighthouseの運営は「なんとかなっている」状態であり、[*2]これは「ひとりでやっている」から保てているものでもあります。これを「良し」と捉えるか「悪し」と捉えるかは人それぞれでしょうけど、個人的には「悪くない」と捉えています（「良し」でも「悪し」でもなかった！）。本屋lighthouseは小屋時代から数えると5年目、私の年齢が2023年現在で30歳、本屋を始めてからの預金残高は絶妙に（絶妙に！）増えている……本の世界（というか社会全体）に逆風が

＊1　当店のウェブストアの各商品ページには可能な限りKindle版へのリンクも張っており、そのほか「電子書籍紹介ページ」と称したページをホームページに作成、主にコミックを紹介している。いずれもアフィリエイトリンクになっていて、そのリンクを経由して購入した場合数％の利益が当店に入るようになっている。

＊2　1か月ごとの大まかな収支報告を作成し、web（およびメルマガサービス）にて公開している。残念ながらおおむね「毎月更新」とはいかず、常に数か月ごとの報告となっている……（執筆時も3か月分溜めています）。

吹いていることを考慮すると、なかなかに上々なのではないでしょうか。自画自賛で申しわけありませんが、この段落を書いているいま、つまり2023年2月1日の売上が芳しくないので許してください。私は大丈夫（自己暗示）。

個人的には「はたらかないで、たらふく食べたい」（栗原康の同名著書より）を基本姿勢として本屋を、というより人（間）生（活）をやっています。なので仮に「週7勤務で年収1000万」と「週3勤務で年収300万」なら当然後者を選択しますし、そういうスタンスで本屋も運営をしていきたい所存。しかし本屋はどうしても薄利多売なため、低賃金なのはいいとしても軽労働にすることはなかなか難しい……。

やはりここにも解決が困難なジレンマが生じています。本屋は可能な限り続けたい、しかし本屋を続けるには「薄利多売の業界システム&社会状況（=みんなのお財布事情）の悪化」を乗り越えて利益を得る必要があるわけで、そのためにはバリバリ働くとか天才的な発明をするとかしないといけない、そんな気がする……。でもそんなビジネスモデル／働き方は決して「はたらかないで、たらふく食べたい」ではないし、となると必然的に「持続可能な」ものにもならないのではないでしょうか。

あるいは、本屋lighthouseのポリシーのひとつでもある反差別・反ヘイトの文脈には「反搾取」というものも含まれているわけですが、そのポリシーを自ら破っている状態になってしまう、いやもうすでになっている、とも考えられます。本屋を続けていくために、自分自身を搾取しないといけない。そんなの明らかに間違っています。しかし、この現状を即座に解決できるような妙案は私には思いつかないし、おそらくこの社会に生きる誰ひとりとして思いつくことはできないのではないかと思います。仮に思いついたとしても、実践してみたら想像以上に「変化するまで時間がかかる」ことに気づき、場合によってはそこで諦めてしまう＝その試みを持続させるだけの体力がない、という状況になってしまうかもしれません。もしかしたら、これまでもその連続だったのかもしれませんね。

そしてこれは本屋、あるいは出版業界全体の話に限りません。日本の社会全体が搾取の構造になっている以上、どこに行ってもこの問題はつきまといます。そして当然のことながら、搾取構造の内側でどうにかこうにか生きている（＝衣食住に精一杯な）人が本という「娯楽」に手を伸ばせるわけもなく、本屋の生存を考えるときには必然的に社会全体の状況を考える必要があります。仮に前述の電子書籍販売や、近年増加しているブックカフェ形式の運営による利益の増加などといった改善策によってどうにかできたとしても、それはあくまでも「個人（個店）」の生存にしかつながりませんし、どうにか広がっても、出版業界（とその周辺）のみへの波及にとどまってしまうのではないでしょうか。その場合、たんに個人／個店／業界が「勝ち組」になれただけであって、その向こう側には「負け組」つまり苦しむ存在が残存したままです。それではたんにパイを奪いあっただけ。私たちに必要なのは「パイを奪いあう技術の向上＝勝ち抜くこと」ではなく、「パイの総量を増やす＝みんなの分け前を増やすこと」です。そして、そのために必要なさまざまな力の源が本屋にはある、少なくともその可能性があると思います。暗い話のなかにあっても、これだけは希望の灯なのではないでしょうか。

本屋には社会を変える力がある

大事なことなのであらためて書きましょう。本屋には社会を変える力がある。そんな大それたことを……と感じるでしょうか。でも、人は本を読んで生き方を選んだり変えたりしています。社会や国家は個人の集合体ですから（決して社会や国家が先にあるわけではない＝社会や国家のために個人が存在しているのではない）、その構成要素の個人個人が変われば自ずと全体も変化します。ゆえに、私たちがどのように生きるか、つまりどのようなことを考え、その思考をもとになにをどのように実践するのか、その結果が社会（国家）の状況と密接にかかわってきます。となると本屋がどのように生きるか、つまりどのようなことを考え、その思考をもとになにをどのように実践するのか、ということも同様に重要になってきます。ようするに、どのようなポリシーで本屋を運営するのかであり、それはとくに選書に如実にあらわれてくるものです。

しかし私たちはみな、その効果が出ていることにはなかなか気づけません。数値化されるものでも可視化されるものでもないからです。ゆえに私たちは「変わらない／変えられない」と感じてしまうし、なにをどうしたって仕方がないのだ、と諦めてしまうことになるのです。

やはりここでも重要になってくるのが、本屋＝ユートピアという考え方です。ユートピアがそもそも「たどり着けない（がどこかにはある）」ものであるのなら、考え方を少し変えればそれは常に希望はある、ということだからです。いまこの時点で実現できていない？　それがなんだっていうのだろうか？　「いまできていない」ことは重要なことではないのです。重要なのは目指し続けること、到達するという意思を持ち続けることであり、歩みを止めない限り私たちは常に漸進的にユートピアに近づいています。何度だって書きましょう。あるいは言いましょう。本屋には、そして私たちには社会を変える力がある。

そこで必要になるのがヴィジョンです。ちょっとかっこいい言い方をしたくなってしまったのでそう書きましたが、ようは「自分はどのような社会で生きたいのか」ですし、もっと言えば「自分にとってのユートピアとはどのような場所か」です。それを本屋の運営に反映させれば、その理想に共鳴する人が自ずとお客さんとなり、買っていった本を読むことで考え方や生き方も影響を受け、最終的には社会に対してなんらかの影響を与えることにつながっていきます。

もちろんその理想は細かく見ていけば人それぞれ異なりますし、異なっていていいものです。私たちはみな「よりよい人生を送りたい」と思っています。では、その「よい」とはなんなのでしょうか。そこを順を追って掘り下げていく、因数分解していくと、なんらかの軸が見えてくるはずです。たとえば、お金がたくさんある人生。じゃあ、なぜお金がたくさんあることが「よい」ことなのか。たとえば、やりたいことが自由にできるから。じゃあ、なぜやりたいことが自由にできることが「よい」ことなのか。といったように、なにが「よい」のか／なぜ「よい」のかをくりかえし問うていくことで、どこかで行き止まりになる。そのとき、その場所＝答えに納得できるのであれば、それが自分の軸ということになるのでしょうし、納得いかないのであれば、どこかで道を間違えたということです。後者の場合でも、またはじめ／途中からやり直せばいいだけのこと。「いまできていない」ことは重要なことではないのです。

　自分がどのように生きたいのか、どのような社会で生きたいのかがわからない。「どのような」はわかったけど、その実現方法や「どのように」はわからない。そんなときに助けになるのは、つまり自分がどこにいるのかわからないときにその足下を照らすのも、どこに向かっていけばいいのかわからないときに目指すべき方向を照らしてくれるのも、やはり本です。そしてその本の中には、かならず「人」がいます。本は人が書く／作るものですが、人で「できている」とも言えるのではないでしょうか。社会や国家と同様に、はじめに「人がいる」から本がある。そこを履き違えないことが、もしかしたら最も大切な観点なのかもしれません。

希望は本＝私たちのなかにある

私たちが本を必要とするのは、あるいは本によって救われるのは、本を書き残した人＝本のなかで生きている人が未来を、つまり私たちのことをまなざしているからなのだと思います。当人にはその自覚はないかもしれませんが、そもそも書き残すという行為には「未来への意思」が内包されています。

たとえば本書の冒頭で言及したジョージ・オーウェルの『一九八四年』でも、主人公のウィンストンは独裁政権への抵抗のために日記を書きはじめます。なぜそれが抵抗になるかというと、独裁政権であるビッグ・ブラザー党（B・B党）は過去＝歴史を政権の意のままに変更することによって、独裁体制を維持しているからです。

党のスローガンは言う、〝過去をコントロールするものは未来をコントロールし、現在をコントロールするものは過去をコントロールする〟と。（56頁）

権力者にとって都合の悪い過去＝歴史は都合のよいものに書き換えてしまうか、そもそもそんな事実は存在していないということにしてしまう。そうすれば権力者の「正当性／正統性」は揺らぐことがなく、地位を追われることもない……ざっくりと言ってしまえば、そういう仕組みになっているわけです。

そんな独裁政権の打倒を目指すからこそ、ウィンストンは日記という極私的で、一見、社会への影響力などないようなものを書きはじめます。おそらくウィンストンも、なぜそれが有効なのかについては明確に言語化／理論化できているわけではなく、果たしてこの行為に意味があるのかと自問もしています。たとえば以下のように。

> 誰のために日記を書いているのかと再び考える。未来のためにか、過去のためにか――想像のなかにしか存在しない時代のためになのか。自分を待っているのは死ではなく消滅なのだ。日記は灰となり、自分は蒸発する。書いたものを読むのは〈思考警察〉だけ。そして読んだ後でその存在を抹消し、その記憶を拭い去ってしまうだろう。自分の痕跡が何ひとつ残らず、紙片に走り書きされた書き手不明のことばすら目に見える形で残存できないのだとしたら、どうやって訴えを未来に届かせるというのだ？（45頁）

ウィンストンのいる『一九八四年』の世界では、政府＝B・B党に反逆の意思を見せたものは〈思考警察〉によって逮捕され、徹底的な思想教育による改宗ののち死を迎えます。しかもその死は歴史からの抹消であり、かつ〈二重思考〉によって人々の記憶の中からも抹消され、そもそもそんな人物はこの世に存在していない、ということにされてしまうものです。ゆえにウィンストンは、意味があるのか（ないだろう）という諦めに近い心情を吐露します。

しかし現実世界を生きる私たちは（まだ？）そんな絶望的なフェイズにまでは至っていません。たしかに私たちもウィンストン同様に、自分の書いたものに果たして意味があるのか（自分以外に読む人などいるわけがない）と感じてしまうでしょう。こんな日記／ブログ／投稿／論文／本に、他者や社会に影響をもたらす力などあるわけがない。そう思ってしまうのも仕方がないことだとも思います。なぜならその力＝他者や社会への効果は、決して目に見えやすいものではないからです。

ですが、本屋をやっているとそうは思えないのです。一日平均2～3万円しか売上がないようなちっぽけな本屋ですが、その数少ないお客さんとのやりとりのなかでも「過去と現在（未来）がつながった」と感じることが多々あります。どこかの誰かの書き残した過去＝本が、どこかの誰かのもとへ届き、読まれ、「これは私の（ための）物語／過去＝本である」と感じるとき、たしかにそこには希望が生じています。それは、書き残した本人には知ることができない希望の萌芽かもしれません。しかし、そのこともまた（こうやって）本に書かれることによって、希望へと変わるのです。あなたはもう、あなたの人生のすべてが他者や社会に希望をもたらす可能性にひらかれていることを知っています。

もしかしたらウィンストンも、そのことを（本能的に？）知っていたのかもしれません。だから日記を書く。とくに面白いわけでもない、表現が巧みなわけでもない、自分のための日記を、未来のどこかにある希望＝ユートピアに向けて書き残す。

未来へ、或いは過去へ、思考が自由な時代、人が個人個人異なりながら孤独ではない時代へ――真実が存在し、なされたことがなされなかったことに改変できない時代へ向けて。画一の時代から、孤独の時代から、〈ビッグ・ブラザー〉の時代から、〈二重思考〉の時代から――ごきげんよう！（44－45頁）

オーウェルがウィンストンに託し、ウィンストンが作中の人々に託した希望は、本を通して私たちに届いています。どこにもない、たどり着けない場所であることを知りながらもユートピアを目指す私たちのための、参照可能な過去。それをウィンストンが、あるいはオーウェルが、そしてこの世界に存在した／しているすべての私たちが、残してくれている。それが形となったもののひとつが本であり、その本を通して希望をつないだり、暗闇を照らす光として差し出したりすることが、本屋にはできるということ。ユートピアとしての本屋とは、本屋がすでにユートピア（のような幸せな場所）であるというようなことではなく、ユートピアを目指す人々の希望となれること、そしてそのことに幸せを感じられることを、意味しているのかもしれません。

ウィンストンは「希望があるとするなら（中略）それはプロールたちのなかにある」と日記に記します（108頁）。プロールとは、作中の権力者からは無知・無力であるがゆえにかれらを脅かすには至らない存在として認識されている人たちのことです。しかしウィンストン（＝オーウェル）はそんなプロールたちに希望を見出し、未来を託します。ならば、私たち読者が希望を見出され未来を託された、と言い換えてもいいでしょう。ゆえに引用部分は、このように書き換えることが可能なのです。

「希望があるとするなら」――と私たちは日記に書いた――「それは私たちのなかにある」

lighthouse
本

おわりに

大月書店の岩下さんから執筆依頼の連絡が来たのは2021年の夏。そのときのメールには、社会に色濃くあらわれている排外主義的な空気や、それを助長する本が出版され続けていることへのいち出版社社員としての忸怩《じくじ》たる思いなどが綴られていて、最後に「『本屋の責任』みたいなタイトルが浮かびました」とありました。

出版社の人として、そしてひとりの人間として反ヘイト・反差別の実践をしている岩下さんからのその依頼を、私はいち本屋としてうれしく思いました。決して本屋にそのすべての責任や罪を負わせる意思のない人から発せられた「本屋の責任」という言葉は、期待であり希望であると感じたからです。ゆえに、本書はその「本屋の責任」という言葉を出発点＝軸として書かれています。

結局、刊行までに1年半以上かかったことになりますが、いまとなってはそれでよかったというか、むしろこのまま書き続けていたい、そんな思いもあったりします。というのも、時間がかかればかかるほど、つまり私が年をとればとるほど、自分の中に知識も経験も見識も積み重なっていくため、よりよいものが書けるようになっている、そのことを実感しながら書いているからです。実際、２０２２年の後半に刊行された本から得た観点だったり視点だったりによって、導かれるようにして書くことができた一文や一章があったりします。

強欲な私は「もっとよくできるのではないか」と執筆を長引かせてしまいそうですが、そうすると本書が「未刊のプロジェクト」になってしまうので、ここらで終わりにする次第です（J・ハーバーマス『近代　未完のプロジェクト』〔岩波書店〕を借用……）。やはりユートピアにはたどり着くことはできず、常にそこを目指し歩み続けることしかできないのです。ゆえに本書は閉じ／綴じられますが、私（たち）の歩みはこれからも続くし、続けなければならないということ……。

本書は基本的に執筆順の構成となっていて、前半部分は1年以上前に書いたものだったりします。刊行にあたって過去の自分の文章を修正するのは恥ずかしくもあり、楽しくもあるものでしたが、ある種の振り返り作業によって、いろいろと見えてくるものがありました。まず、やはり自分が過ごしてきた環境は恵まれたものであったということ。ゆえに〈地獄〉に落ちることなくこれまで生きてこられたし、こうやって本屋をやれているのだということ、そしてだからこそ人が〈地獄〉に落ちないための環境を、本屋として構築することを目指すべきだということ。家庭や学校という環境だけでは救い／掬いきれないものが、この社会にはたくさん存在しているのです。

くわえて些細なことですが、本書の途中から一人称が変わっています。執筆期間が長引くにつれてなんとなくしっくりこなくなっていったからなのですが、最終修正時に統一するかどうか悩み、統一しないことにしました。人は変わるものだし、常に同じでなくちゃいけないわけでもないからです。

また、自分が本屋になるまでの話は、自分語りであるがゆえに気恥ずかしさのようなものがより強く、しかしあらためて自分を形づくる過去＝歴史となっていることを再確認することにもなりました。ジャネット・ウィンターソンが言うところの「〈物語ること〉で人は救われる」を体感したとも言えます（『灯台守の話』〔白水社〕訳者の岸本佐知子によるあとがきを参照）。ということで、みなさんも臆せず自分語りをしてください。それが未来の自分の、そしてどこかの誰かの光となるのです。

この本は「本屋の責任」という出発点＝軸によって書きはじめられたものですが、徐々にその本質を変えてきたように思えます（これは意図したものではなく、書いているうちに自然とそうなったものです）。つまり、この本の主役は書き手である私や本屋ではなく、この社会に生きる／生きたすべての私たちなのだということ。ゆえに私たちの分身である本とその本によって形づくられる本屋は、ユートピアとなり得るのであり、希望の灯となり得るのです。

たとえそれが「どこにもない場所」であるとしても、私たちは暗闇のなかの確かな場所を基点のひとつとして、歩み続けることができる。このことを最後に、あらためて書き残しておくことにします。

2023年2月　寄り道途中の小学生たちで賑わう店内にて

お話して、ピュー。

どんな話だね？

ハッピー・エンドの話がいいな。

そんなものは、この世のどこにもありはせん。

ハッピー・エンドが？

おしまい《エンド》がさ。

——ジャネット・ウィンターソン『灯台守の話』（白水社）61頁

『ユートピアとしての本屋』造本

判型：四六判（130mm × 189mm）

カバー
用紙：ヴァンヌーボ VG-FS スノーホワイト 46Y 130kg（マットニス加工）
印刷：特色 3C（DIC435 ／ DIC183 ／ TOKA VIVA FLASH DX 610 サターンイエロー）

帯
用紙：ポルカレイド トウフ 46Y 90kg
印刷：特色 1C（DIC545）

表紙
用紙：フリッター マリンパープル 46Y 180kg
印刷：特色 1C（DIC545）

見返し
用紙：トーン F WG2 46Y 90kg

本文
用紙：オペラクリアマックス 46Y 62kg

書体
本文：A-OTF UD 黎ミン Pro L
本文小見出し／章タイトル：游ゴシック体 Pr6N B
エピグラフ：文游明朝体 StdN R

参考文献一覧（順不同）

本文にて引用した本にくわえ、直接的な言及はないが参考にした本や、執筆にあたってインスピレーションを与えてくれた本を記したが、当然（無意識に）参考にしたが思い出せない本や、そもそも参考にしたとは思ってもいなかった本が無数にあるに違いない。無数の先人にあらためて感謝する。

クリシャン・クマー『ユートピアニズム』（昭和堂）
ジョージ・オーウェル『一九八四年』（早川書房）
栗原康『アナキズム　一丸となってバラバラに生きろ』（岩波書店）
北村紗衣『批評の教室』（筑摩書房）
藤田祐樹『ハトはなぜ首を振って歩くのか』（岩波書店）
加藤直樹『九月、東京の路上で』（ころから）
梁澄子『「慰安婦」問題ってなんだろう？』（平凡社）
ホン・ソンス『ヘイトをとめるレッスン』（ころから）
僕のマリ『常識のない喫茶店』（柏書房）
ショーン・フェイ『トランスジェンダー問題』（明石書店）
ケイン樹里安・上原健太郎 編著『ふれる社会学』（北樹出版）
キム・ジヘ『差別はたいてい悪意のない人がする』（大月書店）
エリス・ヤング『ノンバイナリーがわかる本』（明石書店）
清水晶子，ハン・トンヒョン，飯野由里子『ポリティカル・コレクトネスからどこへ』（有斐閣）
小川公代『ケアの倫理とエンパワメント』（講談社）
ヴァージニア・ウルフ『病むことについて』（みすず書房）
清水晶子『フェミニズムってなんですか？』（文藝春秋）
堅田香緒里『生きるためのフェミニズム』（タバブックス）
レスリー・カーン『フェミニスト・シティ』（晶文社）
ヤマシタトモコ『違国日記』1～10巻（祥伝社）
高島鈴『布団の中から蜂起せよ』（人文書院）
金子文子『何が私をこうさせたか』（岩波書店）
岩川ありさ『物語とトラウマ』（青土社）
レベッカ・ソルニット『ウォークス　歩くことの精神史』（左右社）
栗原康『はたらかないで、たらふく食べたい』（筑摩書房）
ユルゲン・ハーバーマス『近代　未完のプロジェクト』（岩波書店）
ジャネット・ウィンターソン『灯台守の話』（白水社）
ミッキ・ケンダル『二重に差別される女たち』（DU BOOKS）
パトリシア・ヒル・コリンズ，スルマ・ビルゲ『インターセクショナリティ』（人文書院）
荒井裕樹『凜として灯る』（現代書館）
カトリーン・マルサル『アダム・スミスの夕食を作ったのは誰か？』（河出書房新社）
クリステン・R・ゴドシー『あなたのセックスが楽しくないのは資本主義のせいかもしれない』（河出書房新社）
鯨庭『言葉の獣』（リイド社）
佐々木中『切りとれ、あの祈る手を』（河出書房新社）
グレアム・スウィフト『マザリング・サンデー』（新潮社）
こだま『夫のちんぽが入らない』（講談社）

本書のテキストデータを提供いたします

本書をご購入いただいた方のうち，視覚障害などの理由で書字へのアクセスが困難な方に本書のテキストデータを提供いたします（図書館等での貸出の場合を除く）。ご希望の方は，書名・名前・ご住所・電話番号を明記のうえ，200円切手を同封し下記までお送りください。
なお第三者への貸与，送信，ネット上での公開などは著作権法で禁止されておりますので，ご注意ください。

〒113-0033　東京都文京区本郷2-27-16
大月書店編集部　テキストデータ送付係

著者
関口竜平（せきぐち　りょうへい）
1993年2月26日生まれ。法政大学文学部英文学科，同大学院人文科学研究科英文学専攻（修士課程）卒業ののち，ときわ書房志津ステーションビル店にてアルバイト勤務の傍ら，本屋lighthouseを立ち上げる。将来の夢は首位打者（草野球）。特技は二度寝。

装丁　惣田紗希
DTP　編集工房一生社

JASRAC出　2302344-301

ユートピアとしての本屋《ほんや》
——暗闇のなかの確かな場所

2023年4月21日　第1刷発行

定価はカバーに
表示してあります

著　者　関　口　竜　平
発行者　中　川　　進

〒113-0033　東京都文京区本郷2-27-16
発行所　株式会社　大　月　書　店

印刷　三晃印刷
製本　中永製本

電話（代表）03-3813-4651　FAX 03-3813-4656　振替00130-7-16387
http://www.otsukishoten.co.jp/

ISBN978-4-272-33111-6　C0036　Printed in Japan